Wilhelm II.

mit Selbstzeugnissen
und Bilddokumenten
dargestellt von
Friedrich Hartau

Rowohlt

Dieser Band wurde eigens für «rowohlts monographien» geschrieben
Den Anhang besorgte der Autor, das Register Claudine Hartau
Neubearbeitung der Bibliographie (1991) durch Wolfgang Beck
Herausgeber: Kurt Kusenberg · Redaktion: Beate Möhring
Umschlaggestaltung: Werner Rebhuhn

Veröffentlicht im Rowohlt Taschenbuch Verlag GmbH,
Reinbek bei Hamburg, März 1978
Copyright © 1978 by Rowohlt Taschenbuch Verlag GmbH,
Reinbek bei Hamburg
Alle Rechte an dieser Ausgabe vorbehalten
Satz Aldus (Linotron 505 C)
Gesamtherstellung Clausen & Bosse, Leck
Printed in Germany
1080-ISBN 3 499 50264 x

5. Auflage. 23.–25. Tausend Februar 1992

Inhalt

Wilhelm II., 1898

EIN REDNER VOR DEM HERRN – UND VOR DEM VOLKE

«Ich mime, ich allein,
So viel Personen,
Ganz zufriedenstellend keine.»
Shakespeare: «Richard II.»

Daß wir Hohenzollern Unsere Krone vom Himmel nehmen und die daraus beruhenden Pflichten dem Himmel gegenüber zu vertreten haben – von dieser Auffassung bin auch ich beseelt, und nach diesem Prinzip bin ich entschlossen, zu walten und zu regieren.[1]* Aus dieser Überzeugung bezog Wilhelm II., König von Preußen und Deutscher Kaiser von 1888 bis 1918, sein Selbstbewußtsein und seinen autokratischen Anspruch. Dennoch verbrannte er bei seinem Regierungsantritt ein politisches Geheimtestament Friedrich Wilhelms IV., der darin seine Nachfolger beschwor, die «ihm seinerzeit gewaltsam abgerungene Verfassung so bald als möglich zu beseitigen» und äußerte sich einmal über dieses reaktionäre Ansinnen: *Welches Unheil hätte dieses Schriftstück anrichten können – nicht auszudenken!*[2]

In der ersten Stunde seines Kaisertums wandte sich der Hohenzollernfürst an seine Soldaten: *So gehören wir zusammen, Ich und meine Armee. So sind wir für einander geboren, und so wollen wir unauflöslich zusammenhalten, möge es nach Gottes Willen Friede oder Sturm sein.*[3] Sturm, sagte er, nicht Krieg, und beteuerte seinem Volke: *Meine Liebe zum Heere und meine Stellung zu demselben werden Mich niemals in Versuchung führen, dem Lande die Wohltaten des Friedens zu verkümmern ... Die Stärke zu Angriffskriegen zu benutzen, liegt meinem Herzen fern.*[4] Diese oft von ihm betonte Friedensliebe war aufrichtig. Er wußte sie sogar zu begründen: *Im Frieden nur kann Welthandel sich entwickeln, im Frieden nur kann er gedeihen und Frieden werden und ihn wollen wir erhalten.*[5]

In noch ungebrochenem Idealismus sah sich der Dreißigjährige als Volkskaiser, als Volksbeglücker. Selbst im Klassenkampf «wünschte er der unparteiische und begeistert empfangene Vermittler zu sein»[6]. Den Arbeitgebern legte er nahe, den Abhängigen Gelegenheit zu geben, ihre Wünsche vorzutragen. Denn *die Arbeiter lesen Zeitung und wissen, wie das Verhältnis des Lohnes zu den Gewinnen der Gesellschaften steht. Daß sie mehr oder weniger daran teilhaben wollen, ist erklärlich.*[7] Bei den Arbeitnehmern sondert er streng die Spreu vom Weizen. Jeder Untertan habe selbstverständlich das Ohr des Kaisers, nur müsse dieser es verschließen, wenn Streikende etwa Verbindungen mit sozialdemokratischen Kreisen hätten oder mit ihnen sympathisierten. *Denn für*

---

* Die hochgestellten Ziffern verweisen auf die Anmerkungen S. 131 f.

mich ist jeder Sozialdemokrat gleichbedeutend mit Reichs- und Vaterlandsfeind.[8] Den Braven hingegen versicherte er: *Das Wohl der Arbeiter liegt mir am Herzen.*[9] Der Hoffnung, durch gesetzgeberische Maßnahmen die Not der Zeit und das menschliche Elend aus der Welt zu schaffen, gab er sich zwar nicht hin, wohl aber betrachtete er es als *die vornehmste Aufgabe des Staates, die schwächeren Klassen der Gesellschaft zu schützen und ihnen zu einer höheren wirtschaftlichen und sittlichen Entwicklung zu verhelfen*[10].

Von so vielem, was dem Kaiser *ein Bedürfnis* war, stand die Wahrung und Hebung der Volksmoral obenan. Im übrigen versprach er seinen Untertanen, sie *Herrlichen Zeiten entgegenzuführen,* unter der Voraussetzung, daß sie treu zu Thron und Altar stünden. «Da Wilhelm II. von Gottes Gnaden erster Diener seines Staats, und nicht aus eigener Kraft Selbstherrscher aller Deutschen zu sein glaubt», schrieb der Journalist August Stein (1909), «so sucht er auch seine Kraft von oben.» *Ja, der alte Gott lebt noch, der große Alliierte regiert noch, der heilige Gott, der Sünden und Freveltaten nicht kann triumphieren lassen*[11], predigte Seine Majestät in seiner Eigenschaft als summus episcopus, Oberster Bischof seiner Landeskirchen, auf hoher See. *Ja, treue und anhaltende Gebete holen den lebendigen Gott vom Himmel herab und stellen ihn in unsere Mitte . . . Und ist Gott für uns, wer mag da wider uns sein?*[12]

Der Reichstag war des öfteren gegen ihn, zeigte sich renitent und spurte nicht so, wie der Monarch es von diesem unbequemen Regulativ seines Herrscherwillens erwartete, so daß er drohte: *Ich jage den ganzen halbverrückten Reichstag zum Teufel, wenn er mir Opposition macht!* Als der Erzjunker Oldenburg-Janutschau seinen berüchtigten Spruch vom «Leutnant und zehn Mann», die genügen müßten, den Reichstag aufzulösen, von sich gab, freute sich S. M. darüber, *daß diesen Leuten im Parlament wieder einmal ordentlich erklärt sei, wer denn eigentlich die Macht habe im Deutschen Reich*[13]. Denn das war sein Leitmotiv: *Als Instrument des Herrn mich betrachtend, ohne Rücksicht auf Tagesansichten und Meinungen, gehe ich meinen Weg.*[14] Und so schrieb er in das Goldene Buch der Stadt München: *Suprema lex regis voluntas*[15] [Höchstes Recht ist der Wille des Königs]. Als Graf Eulenburg ihm daraufhin (per Telegramm) unmißverständlich zu verstehen gab: die Zeiten, da an einem Kaiserwort nicht gedeutet und gerüttelt werden dürfe, seien vorbei, zumal S. M. von seinem Rednertalent ja allzu häufig Gebrauch mache und derartige selbstherrliche Bekundungen höchstens dazu angetan seien, böses Blut zu machen, besonders in Bayern – nahm Wilhelm II. dieses seinem Intimus nicht übel, sondern amüsiert zur Kenntnis. Des Kaisers Busenfreund versuchte auch weiterhin, den sanften Mahner zu spielen. So auf einem Spaziergang bei strömendem Regen in einem norwegischen Fjord: «Durch Reden, durch Telegramme erwecken Eure Majestät den Eindruck, den a b s o l u t e n König wieder aufleben lassen zu wollen. Das aber wird von k e i n e r Partei mehr des ganzen Reiches verstanden und begriffen . . .» Der Kaiser: *Ich beanspruche für mich das*

freie Wort wie jeder deutsche Mann! Ich muß s a g e n, was ich will, damit
die vernünftigen Elemente wissen, wie und wem sie folgen sollen. Wenn
ich schweige, würde das völlig «fertige» Bürgertum gar nicht wissen, was
es zu tun hat. Eulenburg: «Taten sind für Herrscher besser als Worte.»
Der Kaiser: *Und die sollen sie auch zu sehen bekommen!*[16]

Und was bekamen sie zu sehen, die geduldigen Deutschen? «Denkmäler wurden enthüllt, in unendlicher Fülle, Paraden fanden statt, Schiffe
wurden getauft, Grundsteine und Schlußsteine gelegt, Kirchen und Kir-
chenpforten geweiht, Verkehrsstraßen wurden eröffnet, Burgen restau-
riert – und immer erschien der Kaiser, immer erweckten prunkende Feste
den Eindruck, als solle ein neues, geschichtliches Ereignis gefeiert, dem
Volke der Glanz eines neuen, ungeahnten Zeitalters gewiesen werden.»[17]

Wäre der Schlußstein des wilhelminischen Gebäudes nicht ein riesiges
Mahnmal, stünde am Ende seines Regimes nicht der Weltkrieg, der den
zweiten, weit schlimmeren, nach sich zog, wie leicht ließe sich eine Satire
schreiben über den Herrn mit dem aufgezwirbelten Schnurrbart, dessen
Reklamespruch: *Es ist erreicht* den passenden Titel abgäbe für dieses
historische Musical mit Marschmusik. Er war kein «Eisenfresser», nur
ein «Säbelraßler». Dieses meistgebrauchte Beiwort für ihn zeigt aber nur
das Schaubild, mit allzu grobkörnigem Klischee; selbst eine flüchtige
Skizze seiner Person verlangt differenziertere Striche, gerade weil ihr die
Größe einer weltgeschichtlichen Figur fehlt und ihr Porträt nicht al fresco
an die Wand zu malen ist, zudem der Monarch und der Mensch – beide
(nach Art des Chamäleons) – ohne Wissen und Wollen ihre Farben
wechseln. Außerhalb des Scheinwerferlichts der Öffentlichkeit schaltete
Seine Majestät den Strahlenkranz des Gottesgnadentums ab und benahm
sich wie ein gewöhnlicher Sterblicher. Er war – nicht im politischen, im
gesellschaftlichen Umgang – wesentlich natürlicher und unverstellter als
die meisten jener in Konventionen erstarrten Angehörigen der oberen
Klassen jener Epoche, die seinen Namen trägt, weil er ihr offizielles
Gepränge als zentrale Gestalt repräsentierte. Ich kenne Menschen, die
noch Begegnungen mit ihm hatten und mir versicherten, sie hätten nicht
das Gefühl gehabt, mit einem «Höherstehenden» zu sprechen. Man
konnte mit ihm reden, das heißt: wenn man zu Wort kam, denn er sprach
unentwegt. Die stummen Stunden seines Lebens in wachem Zustande
dürften zu zählen gewesen sein. Er mußte sich unaufhörlich mitteilen.

Wir besitzen ein kleines Zeugnis, wie er privat dachte und sprach. 1904
hat er ein paar Sätze auf eine Edisonwalze gesprochen, die sein Wesen
anders widerspiegeln als seine Brandreden, die ihm zum Verderben
wurden. Was er da über «das Leben an sich» sagt, kennzeichnet seinen
durch nichts zu erschütternden naiven Optimismus. Wie er es sagt,
verändert ein wenig die vorgeprägte Vorstellung von ihm. Stimme und
Tonfall haben nicht eine Spur (weder von falschem noch von echtem)
Pathos, sondern sind sehr berlinerisch nüchtern. Man glaubt, einen
guten Hausvater aus der Zeit, in der die Welt noch in Ordnung war, zu
vernehmen, wie er in der Gartenlaube seinen Kindern ein paar gute

Lehren mit auf den Lebensweg gibt. Nach vier kaum verständlichen Worten hören wir: *Nicht wünschen, was unerreichbar oder wertlos! Zufrieden mit dem Tag, wie er kommt! In allem das Gute suchen und Freude an der Natur und an den Menschen haben, wie sie nun einmal sind! Für tausend bittere Stunden sich an einer einzigen trösten, welche schön ist! An Herz und Können immer sein bestes geben, wenn es auch keinen Dank erfährt! Wer das kann, der ist ein Sittlicher, Freier und Stolzer, immer schön wird sein Leben sein.*[18] So dachte, so war er, der letzte Hohenzoller auf dem deutschen Kaiserthron. Wie wurde er so?

> «Es gibt wenige, die ohne irgend ein Gebre-
> chen wären, wie im Physischen, so im Mora-
> lischen . . . Dergleichen Flecken findet das
> Mißwollen sogleich heraus und kommt im-
> mer wieder darauf zurück. Die größte Ge-
> schicklichkeit wäre, sie in Zierden zu ver-
> wandeln, in der Art, wie Caesar seine Glatze
> mit Lorbeer zu schmücken wußte.»
>
> Gracian

Sein erstes Schiff hieß «Fortuna». Er bekam es mit zweieinhalb Jahren und liebte es über alles. Auf ein Spielpferd wurde er nur zum Fotografieren gesetzt und dabei hinter einer Draperie festgehalten, damit er nicht herunterpurzelte, denn er hatte Gleichgewichtsstörungen.

Der Enkel des Preußenkönigs Wilhelm I., der bei der Taufe die Namen Friedrich Wilhelm Viktor Albert erhielt, war am 27. Januar 1859 in Potsdam unter großer Aufregung zur Welt gekommen. Das Leben der neunzehnjährigen Mutter schien so gefährdet, daß die Ärzte sich nur um sie kümmerten, die princess royal, wie die Tochter der Königin Victoria von England auch noch als Gemahlin des preußischen Kronprinzen Friedrich Wilhelm genannt wurde. Das Neugeborene, steif und stumm, hielt man für tot. Die Hebamme Stahl rettete ihm, ihrer Aussage nach, das Leben, indem sie das leblos scheinende Wesen schlug, bis es einen ersten Schrei tat. Hat sie es hierbei zu gewaltsam bearbeitet? Wurde die alte Hebamme während des Geburtsakts zur Urheberin des Unheils? Wie es geschah ist nie gründlich untersucht worden. Die Angaben über die Umstände bei der Geburt des Prinzen sind ungenau und widersprüchlich, auch darüber, ob Viktoria ihren Erstgeborenen selbst stillte. Mutmaßlich aber wird es die Mutter gewesen sein, die – nach drei Tagen – erschreckt bemerkte: das Kind kann ja seinen linken Arm nicht bewegen! «Die Ärzte fanden, daß das Ellbogengelenk ausgerenkt sei. Die umgebenden weichen Teile und Muskeln waren so beschädigt, daß niemand den Versuch wagte, den Knochen wieder einzurenken.»[19] Ein Dr. Martin soll gemeint haben: es könne sich ja noch auswachsen. Doch wie sehr man den Knaben später quälte, mit elektrischen Apparaten und anderen unzulänglichen Prozeduren, das Übel blieb und die Tatsache unabänderlich: der Erbprinz war ein Krüppel. Geistlicher hätte er so nicht werden können, Kaiser durfte er, mußte er, seiner Bestimmung nach, werden. Die These (zuerst von Emil Ludwig in seinem erfolgreichen Buch «Wilhelm der Zweite» propagiert und seitdem allgemein verbreitet), des Kaisers kraftprotzende Reden, sein naßforsches Auftreten, sein Überbetonen von Macht und Stärke in jeder Form sei auf sein körperliches Manko zurückzuführen, und er habe damit Minderwertigkeitskomplexe überwinden müssen, scheint insofern revisionsbedürftig, als man dem zu

Der Prinz in seinem ersten Schiff ...

kurz geratenen Arm nicht die Alleinschuld zuschieben darf. Wie erst die
medizinische Wissenschaft unserer Zeit erforscht hat, kann ein Kind bei
einer sehr schweren Geburt eine Gehirnschädigung erleiden, die erst im
Wachstum Erkrankungen bzw. Veränderungen der somatischen oder
spirituellen Funktionsintaktheit zur Folge haben kann. Da die linke
Körperhälfte des Prinzen in Mitleidenschaft gezogen war (das linke Bein
war weniger beweglich, das linke Ohr schmerzte oft, und er hatte Gleichgewichtsstörungen), ist die Annahme nicht völlig abwegig, daß außer
dem sichtbaren Defekt eine niemals wahrgenommene Störung im zen-
tralen Nervensystem dieses Leben beeinträchtigt hat. Daß Wilhelm II.
bei jeder Gelegenheit sich aller Welt als ganzer Mann vorführte, der,
trotz offensichtlicher Schädigung körperlich vollkommen fit, in sportli-
chen Leistungen und im Ertragen von Strapazen sogar anderen überlegen
sei, und daß ihm diese Demonstrationen innere Befriedigung bereiteten,
um das zu erkennen, braucht man die Psychologie nicht zu bemühen;
schon eher für die Untersuchung, ob des Kaisers Wahn vom Gottesgna-
dentum nicht vielleicht eine Art Selbstschutz darstellte, der ihn vor der
Erkenntnis seiner Unzulänglichkeit bewahrte. Der Arm war die Crux

. . . und zu Pferde

seiner Jugend, dem Manne bedeutete er keine seelische Belastung mehr. Erst im Weltkrieg, nachdem er sich halb freiwillig hatte entmachten lassen, sind Anzeichen gewisser Minderwertigkeitsgefühle erkennbar, und selbst sie haben eher etwas von einer knabenhaften Trotzgebärde an sich. Wieweit die gelegentlichen hybriden Anfälle des Kaisers möglicherweise seiner Erbmasse zuzuschreiben sind, ist ebenfalls ein Problem für sich. Solange die Sprünge der Gene nicht einwandfrei fixiert werden können, bleiben alle Spekulationen über vererbte Anlagen fragwürdig. Gewiß hat man daran erinnert, daß der wahnsinnige Zar Paul, der Sohn von Katharina der Großen, und Georg III. von Großbritannien (der so verrückt wurde, daß man ihn selbst in England für verrückt erklären mußte), unter Wilhelms Ahnen waren. Und daß andererseits das einzige Genie seines Hauses, Friedrich der Große, nur sein Urururgroßonkel war. Die bisherigen psychiatrischen Publikationen über den Geisteszustand Wilhelms II. sind überholt und wissenschaftlich nicht haltbar. Zu seinen Lebzeiten ist es zu mehr als gesprächsweisen Erwägungen, ob man ihn nicht unter Umständen für regierungsunfähig erklären könne, nicht gekommen. Seine Nervenkrisen beweisen nichts, seelische Zusammen-

13

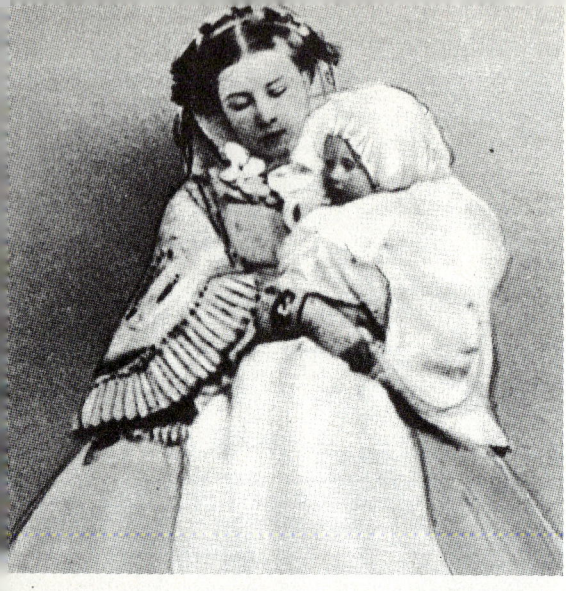

Kronprinzessin Viktoria mit ihrem Sohn, März 1859

Die Eltern: Kaiser Friedrich III. und Viktoria

brüche kennt jedes Leben, ebenso wie jeder Temperamentvolle im Koller zu Ausdrücken fähig ist, die er im ruhigen Zustand nicht gebrauchen würde. Dem Kaiser ist jedenfalls keine Handlung nachzuweisen, die zu der Annahme berechtigte, er sei im klinischen Sinne wahnsinnig bzw. nach § 51 des Strafgesetzbuches nicht verantwortungslos gewesen.

Großvater Wilhelm, von seinem Enkel entzückt, soll schon in der ersten Woche geäußert haben: «Der Bengel hat ja eine phänomenale Stimme – wie ein Opernsänger!» Fritz, wie er bis zu seiner Konfirmation gerufen wurde, war ein fröhliches Kerlchen. Am wohlsten fühlte er sich, wenn alles um ihn herum tanzte; dann krähte er vor Vergnügen. Mit zwanzig Monaten trat er seine erste Reise an. Das Kronprinzenpaar nahm ihn nach Coburg mit, um ihn den mütterlichen Großeltern, der Queen und ihrem Prinzgemahl Albert, zu präsentieren. Auch bei ihnen erregte das Baby allerhöchstes Wohlgefallen. Die Sache mit dem Arm verschwieg man vorerst. Vom dritten Lebensjahr an nahmen ihn seine Eltern auf ihren Sommerreisen oder zu dynastischen Besuchen mit. Heranwachsend lernte er halb Deutschland kennen: Thüringen, Ost- und Nordsee, das Riesengebirge, Hessen, Württemberg, Kiel, Hamburg – später Holland und Südfrankreich, aber nirgends war er so oft und lange wie in England, mit dem seine frühesten Erinnerungen verknüpft sind. Opa Albert schaukelt ihn in einer Serviette; Schiffe vor der Insel Wight; die große Pauke des Musikkorps der Horseguards; wie er sich auf der Hochzeit seines Onkels Edward (mit dem er später so viel Ärger haben sollte) langweilt, obgleich er stolz im Schottenkilt einherspazieren darf; wie er sich nach einer zu hastig verschlungenen Portion Plumpudding übergeben muß; wie er in Osborne mit einer alten Kanone spielt.

Fritzchen hörte gerne Märchen. Besonders gefiel es ihm, wenn Prinzen Drachen töteten oder Prinzessinnen befreiten. Er mußte ja nicht, wie andere Kinder, sich nur im Spiel mit diesen Lichtgestalten identifizieren – war er doch selbst ein Prinz, wie es ihn seine Umgebung mehr und mehr merken ließ. Wie aber wurde der Märchenprinz, der er zu sein wähnte, damit fertig, wenn er nicht vermochte, was Gleichaltrige mühelos vollbrachten? Als ihm sein körperliches Handikap bewußt wurde, tröstete man ihn mit einer alten Prophezeiung: Sie soll im Kloster Lehnin niedergelegt sein und besagte, daß Deutschland unter einem einarmigen Kaiser seine höchste Blüte erwartete. Eine andere Legende wird man ihm besser verschwiegen haben: die Weissagung der «Schlesischen Sibylle», daß die Herrschaft der Hohenzollern nach 500 Jahren enden würde.[20]

Da jeder Prinz von Preußen mit zehn Jahren als Leutnant in die Armee eingereiht wurde, mußte Fritz mit sechs Jahren anfangen, militärisch Grüßen und Gehen zu lernen. Nach jeder Stunde harten Drills durfte er zur Belohnung trommeln. Der alte Herr in Doorn erinnert sich noch, wie begeistert er das Kalbfell bearbeitete. *Und war die Wirkung auch immer nicht harmonisch vollendet, so war sie doch sehr geräuschvoll.*[21] Fritz war ständig in Bewegung. Stillsitzen konnte er nicht. Der Seminarschüler aus Potsdam, bei dem er Lesen und Schreiben lernte, machte dem Abc-Schützen das Buchstabieren durch Erzählen lustiger Geschichten schmackhaft. In Erdmannsdorf und Bornstedt durfte er mit den Dorfkindern umhertollen, winters Schlittschuhlaufen, sommers Indianer und Trapper spielen oder *Räuber und Soldat* – steht in Wilhelms Autobiographie, nicht Räuber und Gendarm. *Ein geborener Berliner hat selbstverständlich Kindheitserinnerungen militärischer Art.*[22] Die seinen verwirklichten, wovon andere Jungen kaum zu träumen wagten. Dreimal sah er sieggekrönte Kriegshelden durch das Brandenburger Tor reiten, und das waren sein Vater und sein Großvater. 1864 bewunderte er die Uniformen der österreichischen Truppen, die im Kriege gegen Dänemark durch die Stadt marschierten. Am tiefsten eingeprägt hat sich ihm die Siegesparade nach dem *ruhmreichen Feldzug gegen Frankreich.* Am 16. Juni 1871 wurde ein Keim in die junge Seele gepflanzt, der üppig ins Kraut schießen sollte: wenn des Kaisers Stimme bebt, sobald er (wie ein Kleinbürger) von seinem *Herrn Großvater* spricht, wenn er Wilhelm I. nicht genug Denkmäler setzen kann und ihn am liebsten heilig sprechen lassen möchte. Dieses unvergessene Triumphgefühl wird so etwas wie ein heimlicher Grundbaß in der Melodie seines Lebens und mag ein anderes Erlebnis zugeschüttet haben.

Man hatte seinem Erzieher erzählt, es gebe Stadtviertel in Berlin, in denen kein Hohenzoller sich blicken lassen dürfe. Um das Gegenteil zu beweisen, ließ er anspannen und fuhr mit seinen beiden Zöglingen – außer Wilhelm war ihm dessen jüngerer Bruder Heinrich anvertraut – nach Moabit, wo die Hofkutsche mit Flüchen, geballten Fäusten und Steinwürfen begrüßt wurde. Schleunigst ließ der Prinzenerzieher wenden.[23] Es war Dr. Hinzpeter, der dreizehn Jahre lang den Werdeprozeß Wilhelms beeinflußt hat. Der Prinz wird seine erste Begegnung mit der Plebs, die man damals Mob nannte, vergessen oder verdrängt haben; im Unterbewußtsein mag sie haftengeblieben sein und ist vielleicht eine Erklärung für die manische Angst des Kaisers vor ständig drohender Umsturzgefahr.

Wann die Entfremdung zwischen Wilhelm und seinen Eltern begonnen hat, ist nicht genau zu fixieren. Aus seiner Kindheit erzählt der Kaiser von Familienausflügen, Picknicks und wie seine Phantasie sich regte, wenn der Vater von seiner großen Orient-Reise erzählte. Aber sein Verhältnis zur Großmutter Auguste war von Anfang an inniger als das zu seiner Mutter. Über den Elfjährigen schrieb Viktoria besorgt an die Queen: «Leider ist der Arm nicht besser geworden, und Wilhelm fängt an, sich bei jeder körperlichen Übung viel kleineren Jungen unterlegen zu fühlen – er kann nicht schnell laufen, weil er kein Gleichgewicht hat, er kann nicht reiten, klettern oder sein Essen schneiden usw. . . . Ich wundere mich, daß er trotz allem ein so angenehmes Temperament hat. Sein Lehrer denkt, daß er alles viel schwerer empfinden und viel unglücklicher sein wird, wenn er älter geworden ist und sich von allem, was andere erfreut, ausgeschlossen sieht, besonders, da er lebenslustig und gesund

*Prinz Wilhelm als Leutnant des 1. Garde-Regiments zu Fuß.
Zeichnung von Adolph von Menzel, 1873*

ist. Es bedeutet eine harte Prüfung für ihn und uns.»[24] Spricht aus diesen Zeilen mehr Mitleid als Mutterliebe? Wird man nicht ungestraft als Prinz geboren? Gibt es für Kinder königlichen Geblüts keine Nestwärme? Stießen Viktoria und ihr Sohn sich ab, weil sie einander zu ähnlich waren? Hier ist einmal eine sichere Erbbeziehung feststellbar: er wie sie waren egozentrisch, unbeherrscht, geltungsbedürftig, voller Unrast und barsten vor vielseitigen Interessen, nur mit dem Unterschied: Wilhelm blieb, als Hansdampf in allen Gassen, letztlich ein Verbal-Athlet, während Viktoria kreativ war und wesentlich kultivierter: sie ritt, kutschierte, studierte Botanik und Physik, malte, bildhauerte, musizierte, nahm Anteil an Literatur, Kunst und Kunsthandwerk, schrieb politische Aufsätze, war außerdem eine tüchtige Hausfrau, die sich nicht scheute, auch einmal selbst zu kochen und Fenster zu putzen.

Den kleinen blondgelockten Fritz hatte jedermann gern; sobald er Wilhelm wurde, scheinen Züge zum Vorschein gekommen zu sein, die zur Besorgnis Anlaß gaben. Die liberalen Eltern beschlossen, ihren «gefährdeten» Jungen vor der ständigen Hofluft und dem Mief einer preußischen Kadettenanstalt zu bewahren und ihn, aller Tradition des Hauses zum Trotz – und zum Unmut des alten Kaisers – auf eine höhere Schule zu schicken, wo er im Umgang mit Bürgersöhnen und Angehörigen des Landadels zivilen Geist einatmen sollte. Das Experiment glückte nicht so wie erhofft. Am 2. April 1873 bestand Prinz Wilhelm die Aufnahmeprüfung für die Obertertia am Joachimsthaler Gymnasium in Kassel. Er war ein durchschnittlicher Schüler. Der Kontakt mit den Klassenkameraden hielt sich in Grenzen. Eine Freundschaft hat sich nicht entwickelt. Die Lehrer in Kassel müssen trockene Pauker gewesen sein, unbeseelt vom Geist der großen Griechen, von Platon oder den Vorsokratikern. Sie haben es dem Prinzen nicht nahegebracht, daß Humanitas eine Lebensgrundlage sein kann. Dafür haben sie erreicht, daß der Kaiser ein Gegner des humanistischen Gymnasiums wurde. *Der Unterricht stellte freilich enorme Anforderungen, von denen sich die heutige Jugend kaum einen Begriff machen kann*[25], schrieb der alte Herr in Doorn 1927. Wenn die jetzige Schülergeneration von unerträglichem Leistungsdruck spricht, darf man dabei nicht an das Pensum von damals denken: was da allein an griechischen Klassikern auswendig gelernt werden mußte! Mit *1000 Seiten Grammatik* mußte sich der Schüler Wilhelm herumquälen. An seinem Lieblingsfach Geschichte ärgerte ihn, daß die deutsche Vergangenheit zu kurz kam und von seinen Vorfahren zu wenig die Rede war. Alles Idealische hingegen nahm er begeistert in sich auf. *Unter den Griechen war Achilles, unter den Deutschen Dietrich von Bern mein Liebling.*[26] Homer und das Nibelungenlied waren ihm das Höchste; auch einige Oden des Horaz versuchte er zu übersetzen. Und er dichtete, wie jeder Primaner, eine klassische Tragödie, die unvollendet blieb. Daß er aber ausgerechnet die Tyrannenmörder Harmodios und Aristogeiton, die unzertrennlich Treuen, das Traumpaar aller Männerfreundschaft, zu seinen Helden erkor, gibt immerhin zu denken.

Dr. Georg Hinzpeter, 1869

Dafür, daß sein Geist nicht hin und her irrlichteriere, sondern in spanische Stiefel eingeschnürt werde, sorgte sein immer gegenwärtiger Mentor. Dr. Georg Hinzpeter war 39 Jahre alt, als er sein Amt als Prinzenerzieher antrat. Wie ist das modern eingestellte Kronprinzenpaar nur auf diesen Mann gekommen? Calvinist, Systematiker, Pädagoge aus Leidenschaft, geistig ganz in Sparta beheimatet, weit weg von Athen, absolut humorlos, aber sarkastisch, das Schreckbild eines Hofmeisters alter Schule. Haben sie geglaubt, nur eine sehr strenge Autorität könne ihren ungebärdigen Sprößling zur Raison bringen? In seiner sofort nach Wilhelms Machtübernahme erschienenen Schrift über den Kaiser, mit dem Untertitel «Eine Skizze, nach der Natur gezeichnet», rühmt sich Hinzpeter, wie nur durch seine Unerbittlichkeit Wilhelm gelernt habe, was für seinen künftigen Beruf unumgänglich war: reiten! So oft er vom Pony fiel: er mußte, ohne Zaumzeug und Sattel, wieder hinauf, und wenn er noch so heulte. Gewiß: hier hatte äußerste Strenge Erfolg – hauptsächlich aber doch, weil der Prinz wußte, was für ein unmöglicher Monarch er sein würde, wenn er nicht, stolz zu Pferde sitzend, Truppenparaden abnehmen und nicht «als Sieger durch das Brandenburger Tor» reiten könnte. Außerdem hatte er Schwimmen, Rudern und (leider) auch Schießen so gut gelernt, daß er keinen Wettkampf zu scheuen brauchte. Theoretisch war Hinzpeters Erziehungsmethode so schlecht nicht. Um einen quecksilbrigen Jungen an Disziplin zu gewöhnen, bedarf es eines geregelten Stundenplans. Aber mußte er von 6 Uhr morgens bis abends um 9 Uhr den Tagesablauf minuziös diktieren? Auf ausgedehnten Promenaden oder Spazierritten in die schöne Umgebung des Schlosses Wilhelmshöhe, in dem die Prinzen im Sommer wohnten, mußte Wilhelm über jeden Entgegenkommenden sich ein Urteil bilden und aus dem Stegreif möglichen Beruf und Wesensart des Betreffenden charakterisieren. So, meinte der Erzieher, erwerbe man sich Menschenkenntnis. Um sie zu erweitern, veranstaltete Hinzpeter sogenannte «Versöhnungsdiners», zu denen er Akademiker und Geschäftsleute aus Kassel einlud. Der beabsichtigte Kontakt zwischen Seiner Königlichen Hoheit und Staatsbürgern kam nicht zustande, weil Wilhelm sich unter der Aufsicht seines sterilen Präzeptors nicht frei zu bewegen wagte. Um den Erbprinzen (sein nicht sehr geistesstarker Bruder Heinrich, der die Realschule in Kassel besuchte, lief immer nur nebenher) mit dem Leben aller Schichten des Volkes bekannt zu machen, besichtigte man Fabriken und Handwerksbetriebe. Einblicke ins Sozialgefüge scheinen jedoch die beiden Prinzen nicht sonderlich gewonnen zu haben. In einer Glasbläserei durften sie selbst kleine Kugeln blasen, die sie stolz in ihr Zimmer stellten – das ist dem Kaiser als Erinnerung haftengeblieben –, und daß sie zu einfachen Menschen höflich zu sein hatten. Alle Bemühungen dieses Lehrers mußten fruchtlos bleiben, weil ihm die Liebe fehlte, weil ihm jedes Verständnis für junge Menschen abging und für diesen labilen Fürstensohn schon gar. Sonst hätte er wissen müssen, was ihn angespornt hätte, wonach er gierte: nach Lob. Und gerade das versagte ihm Hinzpeter aus Prinzip. Nicht ein einziges Mal sprach er eine Anerkennung aus. *Daß ein Unterricht, dem die Freude fehlt, von falschen psychologischen Voraussetzungen ausgeht, erscheint mir ohne Zweifel,* heißt es in *Aus meinem Leben,* und weiter: *Denn freudlos wie das Wesen dieses pedantischen und herben Mannes mit der hageren, dürren Figur und dem Pergamentgesicht . . . ebenso freudlos war auch seine Erziehungsmethode und freudlos die Jugendzeit, durch die mich die harte Hand dieses «spartanischen Idealisten» geführt hat.* Von diesem Passus abgesehen kennt der Kaiser nur Dankbarkeit für seinen ehemaligen Lehrer, von dem er sich auch später gelegentlich beraten ließ, den er zum Staatsrat machte und noch dadurch ehrte, daß er 1906 an seinem Begräbnis teilnahm. Die ironische Pointe ist, daß er *niemals das Gefühl der Dankbarkeit und Verehrung für alles, was er mir gegeben hat,* verloren habe, weil er überzeugt sei, *bei ihm das Richtigste gelernt zu haben, was ein Mensch lernen kann: arbeiten und seine Pflicht tun*[27] – während Hinzpeter das von allen Biographen Wilhelms II. zitierte Verdikt über ihn aussprach: «Er hat nie arbeiten gelernt», womit der Pädagoge allerdings zugibt, daß es ihm nicht gelang, dem durch seine Veranlagung unsteten Jungen die Konzentrationsschwierigkeiten überwinden zu helfen.

Eine Episode aus der Kasseler Zeit erscheint noch erwähnenswert. Prinz Wilhelm hatte dort anderthalb Jahre französischen Privatunterricht bei Monsieur Ayme, einem überzeugten Republikaner, der von einem Gespräch berichtet, in dem der junge Hohenzoller überraschenderweise Sympathie mit freiheitlichen Ideen gezeigt und geäußert habe, *in Frankreich wäre auch er Republikaner.* Am nächsten Morgen fand Monsieur Ayme ein offenliegendes englisches Buch auf dem Tisch des Prinzen, das die Französische Revolution in Grund und Boden verdammte (war es Burke?), mit einer Bleistiftnotiz am Rand: *Sehr richtig! Ausgezeichnet!* Solch ein jäher Sinneswandel gab dem Franzosen zu denken. Des Kaisers Minister gewöhnten sich später daran.[28]

Als zehnter von siebzehn Oberprimanern bestand Prinz Wilhelm das Abitur. Das Thema seines deutschen Prüfungsaufsatzes: «Die Entwicklung Parcivals». Der ideale Ritter, der in edlem Streben durch Leistung und Haltung sich Menschengunst und Gotteshuld erwirbt, um, mag ihm auch Weltklugheit fehlen, zum Gralskönig aufzusteigen – diesem Leitbild bleibt Wilhelm II. so verhaftet, daß bei manchen Anwandlungen des Kaisers mehr als ein Zeitgenosse kopfschüttelnd meinte: «Er muß sich im Jahrhundert geirrt haben.» Zwei Tage nach bestandenem Examen sah sich Wilhelm von Preußen zum drittenmal als Mittelpunkt einer prunkvollen höfischen Zeremonie. Mit zehn Jahren war ihm bei seiner Ernennung zum Secondeleutnant der Schwarze Adlerorden, die höchste preußische Auszeichnung, verliehen, mit fünfzehn Jahren war er in der Friedenskirche bei Sanssouci konfirmiert worden, und nun, als er achtzehn Jahre alt war, fand im Königlichen Schloß die feierliche Erklärung seiner Volljährigkeit statt (die alle Untertanen erst mit 25 Jahren erlangten). Als der Rektor der Berliner Universität, im Hauptberuf Seelenarzt, dem Kronprinzen seine untertänigsten Glückwünsche aussprach zur «Anciennität des erlauchten filius», sah ihn der Vater sonderbar an und sagte: «Was? Sie gratulieren mir – als Psychiater?» Friedrich Wilhelm hielt nicht viel von seinem Sohn, und auch die Mutter wurde mehr und mehr beunruhigt darüber, daß ihm «der Ernst des Lebens» noch nicht aufgegangen zu sein schien. Ihrem politischen Freund Delbrück vertraute sie 1875 an: «Er kann stundenlang mit seinen kleinen Brüdern Soldaten spielen, was er der Vornehmheit wegen hochtrabend ‹Felddienstüben› nennt, und macht mit einem Stock ‹Puh, puh!›. Dann reitet er vielleicht mit Papa zu einem Manöver und zeigt am Abend auf der Soiree wieder in Zivil den völlig ausgebildeten und sicheren Gesellschafter.» Sein «grenzenloser Egoismus», sein «nicht versteckter, sondern bewußter Hochmut» ließ sie ahnen: «Er wird seinen künftigen Beratern einmal sehr viel Schwierigkeiten machen.»[29] Was die intellektuelle Viktoria besonders bekümmerte: daß er auf Reisen kein Museum besuchte, keinen Sinn für eine schöne Landschaft hatte und nicht ein ernstes Buch las. Von «irgendwelchen Anwandlungen faustischer oder sentimentaler Natur» sei keine Spur in ihm.

Auch Delbrück änderte seine anfänglich positive Meinung über Prinz Wilhelm binnen weniger Wochen. Er erkannte, wie er in einem Brief über den damals Sechzehnjährigen schrieb, sein vortreffliches Gedächtnis an, hielt ihn aber nicht für klug. «Er glaubt aber, schon alles zu verstehen, spricht über alles und stellt Behauptungen auf mit einer Sicherheit und Rechthaberei, die einen Widerspruch völlig abschneidet.» Aus vielen ähnlichen Urteilen nur eines zum Vergleich: «Er hat so viele gute Eigenschaften, daß es ein Jammer ist, wenn durch seine eigene Überschätzung und große Eigenliebe ein falsches Licht auf seinen Charakter fällt. Wenn man ihn nur kurze Zeit kennt, bekommt man den Eindruck, daß er . . . ‹strong minded and most attractive› ist. Sobald man ihn aber näher kennen lernt, merkt man, daß er zwar ein ungewöhnlich gutes Gedächtnis hat, aber nicht wirklich klug ist. Er hat keinen starken Charakter und kann in ernsten Dingen keinen selbständigen Entschluß fassen. Er fürchtet sich, die Wahrheit zu hören, und geht unerfreulichen Dingen stets aus dem Wege. Allein arbeiten oder sich beschäftigen ist ihm nicht sehr lieb. Wenn irgend möglich, muß stets jemand in seiner Nähe sein. Am liebsten ist ihm, wenn er reden, reden und reden kann und recht viele Menschen bewundernd zuhören. Dabei wird er nie müde, nur die Zuhörer.»[30] Dies aber schrieb eine junge Dame im November 1919, nachdem sie den sechzigjährigen Exkaiser im Exil seit einem Jahr kannte.

«. . . als ein Teilchen strebt jedes einzig allein dem Punkt zu, für den es begonnen und
muß, hinzugelangen, wetteifern mit den
Strahlen der Sonne.»

Lukrez

Nach kurzem militärischem Zwischenspiel – im Garderegiment zu Fuß in
Potsdam – ging der Thronerbe nach Bonn. Die Universität sollte ihm die
Kenntnisse vermitteln, ohne die ein moderner Staatsmann, wie der
liberale Kronprinz Friedrich Wilhelm meinte, ein Fossil sei. Prinz Wilhelms zwei Studentenjahre verliefen ohne besondere Vorfälle. Er wurde
Conkneipant im feudalen Corps «Borussia», wo ihn das kommentmäßige
Saufen abstieß, das Kommersritual und der übliche laute, geistlose Ulk,
den die Kommilitonen, sämtlich Söhne vermögender Väter, trieben,
ihm schon mehr behagten. Eine neue Erfahrung mußte er im Rheinland
machen: daß man ihn nicht überall mit offenen Armen empfing. Die
katholischen Aristokraten zeigten dem Preußenprinzen die kalte Schul-
ter. Achselzuckend nahm er es zur Kenntnis. *Schäumende Jugendlust
suchte und fand Verkehr mit Gleichsinnten.*[31] Zu Exzessen ist es aber
kaum gekommen, wenngleich einer seiner beiden Adjutanten, Major
Liebenau (der besser Liebediener hätte heißen sollen – er war der Vorrei-
ter aller «Schuster», wie die Berufskriecher in Potsdam genannt wurden),
Seiner Hoheit sicher kein Bordell verwehrt hätte. Einem Gerücht zufol-
ge, das immerhin von einem Mitglied der Familie selbst stammt, soll
Wilhelm eine romantische Liebschaft (das Vorbild für «Prinz Heinz» in
«Alt-Heidelberg»[32]?) mit einem Bürgermädchen namens Sibylle
Schmitz gehabt haben, die sogar nicht ohne Folgen geblieben sein soll,
wofür jeder Beweis ebenso fehlt wie für die anderen Bastarde, die dem
Kaiser angedichtet wurden. Unter anderem behaupteten einige adlige
Damen, von ihm abzustammen; auch der Schriftsteller B. Traven will ein
Fehltritt von S. M. gewesen sein.[33] Wenn nicht im Hohenzollern-Archiv
noch Geheimnisse schlummern, die Wilhelm II. der Libertinage über-
führen, was wenig wahrscheinlich ist, müssen wir uns daran halten –
trotz Bismarcks Wort über Wilhelms starke Sexualität –, daß der Kaiser
so moralisch war, wie er sich gab.

Pflichtschuldig besuchte der Prinz seine Großmutter, Kaiserin Auguste, in Bad Kreuznach. Lustiger ging es bei der Schwester seiner Mutter,
der Großherzogin Alice in Darmstadt, zu, denn sie hatte fünf Töchter, die
mit aristokratischen und ausländischen Freundinnen eine heitere Gesellschaft bildeten. Hier, im Kreis junger Damen, fand Wilhelm ein Terrain
für seine Gefallsucht. Doch er ließ die Absicht zu deutlich merken. Die
Tochter des englischen Gesandten Sir Harris (der übrigens die Seeleiden-
schaft des preußischen Thronfolgers mächtig anheizte, indem er ihm das
vielbändige Werk «Navy History» von James schenkte) schrieb, wie wenig

Otto von Bismarck

begeistert die Cousinen von ihrem Vetter waren. «Sie mochten seine Ruhelosigkeit nicht und beklagten sich darüber, daß sein schneller Stimmungswechsel ihn zu einem unmöglichen Gesellschafter mache. In diesem Augenblick wollte er rudern, im nächsten reiten oder Tennis spielen. Immer war er darauf aus, zu beweisen, was er alles trotz seines verkrüppelten Armes konnte. Es kam vor, daß er ganz plötzlich sein Pferd zügelte oder mitten im Spiel den Schläger hinwarf und alles zu sich befahl, damit sie ihm zuhörten, wenn er aus der Bibel vorlas. Gleichgültig, ob er ritt, spielte oder las, immer wollte er seine Cousine Ella nahe bei sich haben. Seine leuchtenden Augen folgten ihren Bewegungen, und wenn sie sprach, dann war er still und lauschte auf jeden Laut ihrer Stimme.»[34] Wie verliebt muß er in die vierzehnjährige Prinzessin Elisabeth gewesen sein, daß er verstummte! Doch er lauschte vergebens. Ella mochte ihn nicht und blieb abweisend, so daß er seine Besuche einstellte und seinen Liebeskummer in um so eifrigerem Studium erstickte. Hätte er aber tatsächlich alle Vorlesungen gehört, die er laut Hofbericht bewältigt haben soll, müßte er statt vier mindestens vierzehn Semester studiert haben (Römisches Recht, Geschichte, Philosophie, Staatsrecht, Volkswirtschaft, Literaturgeschichte, Strafrecht, Finanzwissenschaft, Kunstgeschichte, Reformationsgeschichte, Völkerrecht, Chemie und Preußisches Verwaltungsrecht). In der Hauptsache hielten die Professoren ihm Immediatvorlesungen in der Villa Frank. Das Universitätsgebäude betrat er fast nur, um bei Experimentalvorlesungen dabei zu sein. Naturwissenschaften lagen ihm mehr als geistige Fächer. Dennoch hat er sich, bei seiner ungewöhnlich raschen Auffassungsgabe und seinem immer wieder gerühmten Gedächtnis, in zwei Jahren eine Fülle von Kenntnissen angeeignet, denen leider nur «das geistige Band» fehlte.

Die wichtigste Wandlung, die sich bei ihm in Bonn vollzog, verdankte er Professor Maurenbrecher, der ihn, in bezug auf Bismarck, vom Saulus zum Paulus machte. Bisher hatte er die Einstellung des Elternhauses, mit der er großgeworden war, im Kanzler den bösen Geist Kaiser Wilhelms zu sehen, geteilt. Dr. Maurenbrecher wußte ihm das Genie des Reichsgründers in so leuchtenden Farben zu schildern, daß er, als er zu Ostern, anläßlich der Weltausstellung, Paris (das ihm mißfiel) besuchte, in Versailles nicht die Residenz Ludwigs XIV. bewunderte, sondern nur den «heiligen Geburtsort des deutschen Kaiserreiches» und, nach einem Sommeraufenthalt bei Großmutter Victoria in England, als glühender Verehrer Bismarcks nach Potsdam zurückkehrte, wo er am 24. Oktober 1878 sich eine Junggesellenwohnung im Schloß einrichtete. Kasernenhof und Kasino bestimmten seine nächsten Jahre. Hier und in dieser Zeit wurde er zum Preußen, wie er ihn sich vorstellte, indem er den schlichten Offizier spielte, mit den Kameraden Setzeier und Bratkartoffeln aß – und abends gab es Butterbrot mit Bier, was ihm sogar vorzüglich mundete, wie er sein Leben lang einfache Kost allen Delikatessen vorzog (Kaviar, Hummer und Langusten verabscheute er). Von Potsdam bis Doorn war und blieb Wilhelm II. bei der durch nichts zu erschütternden Überzeugung: *Ich habe nichts getan als meine Pflicht.* Hier, auf dem Exerzierplatz, im Manöverfeld, der Knochenmühle Döberitz, bildete sich sein Jargon aus, dieser Leutnantston mit den saftigen Vokabeln, mit denen er im «Privatleben» nur so um sich warf, jene spezifisch militärische Ausdrucksweise, die er in seinen offiziellen Ansprachen und Reden mit Floskeln aus der Kanzleisprache mischte.

Im Januar 1880 verlobte sich Prinz Wilhelm mit Prinzessin Auguste von Schleswig-Holstein-Sonderburg-Augustenburg, zunächst heimlich, der Hoftrauer wegen. Ihr Vater, der Herzog Friedrich, den Bismarck nach dem dänischen Krieg entthront und dessen Land er Preußen einverleibt hatte, hauptsächlich der Hafenstadt Kiel wegen, war mit 51 Jahren in Wiesbaden gestorben, nachdem er die letzten Jahre seines Lebens auf Schloß Primkenau bei Görlitz resignierend im Exil verbracht hatte. Seine Tochter Auguste, einige Monate älter als Wilhelm, sah wie ein leidlich hübsches, kerngesundes Landedelfräulein aus und war alles andere als eine glänzende Partie. Mit Mühe konnten die zur Ebenbürtigkeit notwendigen sechzehn Ahnen zusammengebracht werden (nicht alle fürstlichen Geblüts, einige nur «von»); zum Glück war das arme Prinzeßchen mütterlicherseits, wie ihr Bräutigam, mit der Königin Victoria von Eng-

Prinz Wilhelm und Prinzessin Auguste Viktoria, 1880

land verwandt, die der Ehe ihren Segen gab, ebenso, nach längerem Zögern, der Großvater Kaiser Wilhelm. «Am 27. Februar läuteten alle Kirchenglocken der Mark Brandenburg, als Sonntagsgrüße für den Thronerben, der mit seiner erlauchten Braut vor den Altar des Herrn trat», heißt es in einem Hofbericht. Die Vermählungsfestlichkeiten waren pompöser, als bisher in Preußen üblich. Einen so prachtvollen Umzug, vom Schloß Bellevue aus, hatten die Berliner noch nicht gesehen: voran die Prunkequipage mit der riesigen Krone auf dem Dach, von 28 Schimmeln gezogen; daß sich zwischen die folgenden Kutschen ein Reklamewagen der Nähmaschinenfirma Singer eingeschlichen hatte, tat der Freude keinen Abbruch. Am 6. Mai 1882 schenkte Dona, wie Auguste im Familienkreis bis zu ihrem Tode genannt wurde, ihrem Gatten den ersten Sohn und erfüllte auch fernerhin ihre dynastischen Pflichten, indem sie jedes Jahr pünktlich einen Preußenprinz ablieferte. Von seiner jungen Frau und seinen Offizierskameraden vergöttert, fühlte sich der dreiundzwanzigjährige Major Wilhelm wohl und gewöhnte sich daran, daß alles still wurde, wenn er den Raum betrat, die Herren die Hacken zusammenschlugen und die Damen in tiefen Hofknicks versanken. Er sah ja auch prächtig aus in der Husarenuniform, mit der goldverschnürten und pelzverbrämten Attila – er war zum Leib-Garde-Husarenregiment versetzt worden, dessen Kommandeur er im September 1885 wurde. Wieviel Spaß ihm das Soldatenspiel machte, zeigt ein anschaulicher Bericht aus einem Manöver, bei dem er seinen Vetter Fritz, den Prinzen von Hohenzollern-Sigmaringen, «besiegte». *Es war ein schönes Gefühl, wie ich ungefähr 100 Schritt vor der Front, hinter mir die beiden Regimenter mit gesenkten Lanzen und die Husaren mit von der Sonne blitzenden Klingen im Galopp daherstürmen sah ... und wie wir über die Höhe überraschend hervorbrechen die Garde du Corps und Kürassiere, schon in Kolonne formiert, ahnungslos vorfanden. Ein wild donnerndes «Hura! Hurra!» und drinnen waren wir ... Der dicke Fritz ... soll neulich in Berlin beim Diner weidlich über mich geschimpft haben. Ja, ja, wer einen großen Husaren-Oberst und Nachkommen eines großen Königs vor sich hat, soll sich halt vorsehen!*[35]

Doch er machte sich auch Gedanken über seinen Beruf, zum Beispiel über *Wesen und Bedeutung von Paraden, Besichtigungen und Ehrenwachen.* Sie seien, fand er, ein *Prüfstein erreichter Manneszucht* und förderten das *Sichzusammenreißenkönnen. Das Vollbringen solcher Leistungen stärken das Selbstgefühl, erwecken Vertrauen zum eigenen Können* – er merkte wohl den Widerspruch nicht, als er weiter sinnierte: *Sie dienen der Einordnung des Einzelwillens in und unter e i n e n die Gesamtheit repräsentierenden, höheren Willen.* Und nicht als erster und nicht als letzter bezeichnete Wilhelm die Armee als *Die große Schule des deutschen Volkes.*[36] Einer seiner Offiziere erinnert sich: «Sehr bald wurde uns klar, wes Geistes Kind der neue Kommandeur war; er kümmerte sich um alles bis auf das Genaueste: Reitdienst, Fußdienst, Schießen, Instruktion galten ganz gleich und wurden mit großem Ernst betrieben . . . Aber man tat den Dienst gern, weil der Prinz mit gutem Beispiel voranging. Der junge Kommandeur prüfte Bestände, Ledereinkäufe usw., kurz, kümmerte sich um alles und ließ sich um 12 Uhr eine Kostprobe der Hauptmahlzeit servieren, und als die Fleischportion zu dünn befunden wurde, kam es zur Errichtung einer eigenen Schweinezucht, mit der die Husaren sehr zufrieden waren.»[37] Weniger angenehm war den feudalen Offizieren aus dem Hochadel, denen genügend Geld zur Verfügung stand, daß ihr Oberst sich in ihre Privatangelegenheiten mischte. Er verbot ihnen das Betreten des Berliner «Union-Club», da dort hoch gespielt wurde. Schon fielen jene Töne, die zur Begleitmusik seiner Kaiserkarriere werden sollten: «Unzulässige Bevormundung», «Unberechtigte Einmischung», «Unglaubliche Arroganz». Der Herzog von Ratibor soll sogar das unehrerbietige Wort «Moralfatzke» geäußert haben.

Völlig füllte den energiegeladenen Jüngling weder das Soldatensein noch das Eheleben aus; sein idealischer Geist suchte nach Betätigung und fand sie im Salon einer geistvollen Dame. Tochter eines amerikanischen Millionärs, war Mary Lee, verwitwete Fürstin Schleswig-Holstein, nach dem jähen Tod ihres ersten Mannes vom österreichischen Kaiser zur Fürstin von Noer ernannt, nunmehr Gattin des Generals Graf Waldersee, der dem Erbprinz in väterlicher Freundschaft zugetan zu sein schien. Wilhelm geriet völlig in den Bann der Gräfin. Dona, sonst so eifersüchtig, freundete sich ebenfalls mit der Generalin Waldersee an, da Mary ebenso fromm war wie sie selbst. Wie Wilhelm sich in dieser «Übergangszeit» gab und benahm, führt uns ein amerikanischer Journalist vor. «Sein Äußeres schien mir wenig bemerkenswert. Kerzengerade in seinem enganliegenden Frack, konnte er mit seinem blassen Gesicht, dem hellbraunen Schnurrbart, der militärischen Haltung und dem diktatorischen Auftreten eher für einen Leutnant in Zivil gehalten werden als für einen Hohenzollernprinzen: zuweilen aber schien ihn eine Art von nervösem Zucken zu befallen, und in seinen Augen brannte ein eigentümliches Feuer, während seine Lippen ein leise ironisches Lächeln andeutete. Seine Bewegungen wirkten etwas abgehackt, doch wußte er sich sehr gewandt zwischen den langen Schleppen der Damen auf dem glatten Parkett zu bewegen.» Als der Journalist mit dem Prinzen ins Gespräch kam und dieser in ihm den Amerikaner erkannte, «barst er heraus: *Die Amerikaner sind noch . . .* Er unterbrach sich und fuhr in verändertem Tonfall fort: *In Europa und namentlich in Deutschland weiß man nur wenig über die gesellschaftlichen Zustände, die in den Vereinigten Staaten herrschen, aber eins ist sicher – eine hervorragende Persönlichkeit haben sie noch nicht hervorgebracht.* ‹Präsident Lincoln?› schlug ich vor. *Hm.* Der Prinz zuckte die Achseln, fuhr sich an das Auge, als ob ich ihn gereizt hätte . . . *Lincoln ist fraglos die interessanteste und erhabenste Erscheinung der amerikanischen Geschichte . . . aber mit einer Gestalt wie Bismarck kann man ihn überhaupt nicht vergleichen.* Jetzt war es an mir, die Achseln zu zucken. *Ich bewundere Bismarck,* fuhr er fort, *er ist*

Vier Generationen: Friedrich III., Wilhelm I., Wilhelm II. Auf dem Schoß des alten Kaisers: Prinz Wilhelm, der spätere Kronprinz

wie eine Mischung aus Cromwell und Richelieu, trotzdem . . . Ich erwartete etwas besonders Interessantes, aber er vollendete den Satz nicht.» Er bat den Journalisten, ihm «etwas über die neueste amerikanische Literatur zu erzählen . . . Ich nannte einige Romane. Er nickte nur: *Ich kenne sie.* – ‹Hoheit scheinen ausgezeichnet unterrichtet zu sein.› *Sie vergessen, wer ich bin,* sagte er ein wenig wegwerfend, *ich bin der zukünftige Deutsche Kaiser, muß also alles wissen.*»[38]

Von Politik war bisher nicht die Rede, weil sie den Thronerben noch

Wachablösung am Brandenburger Tor

nicht erfaßt hatte. Als er im Sommer 1886 seine erste diplomatische Mission erhielt, schrieb er aus Reichenhall, wo er eine Mittelohrentzündung auskurieren mußte, an Bismarck: *In solchen Fällen folge ich der oft von mir meinen Grenadieren gepredigten Maxime: Der Soldat darf nicht denken, sonst denkt er Unsinn*, und versicherte, daß er sich lediglich *als Mundstück des Kaisers und Ew. Durchlaucht* ansehe.[39] Seine Aufgabe war, beim Zaren Alexander – der ihn bereits kannte (Wilhelm war zwei Jahre zuvor anläßlich der Großjährigkeitserklärung seines Vetters Nikolaus in St. Petersburg gewesen) – ein mögliches Mißtrauen wegen des Kaisertreffens in Bad Gastein zwischen dem deutschen und dem österreichischen Monarchen zu zerstreuen. Zar und Zarewitsch begrüßten den von Westen anreisenden Preußenprinzen im Bahnhof Brest-Litowsk –

auf demselben Bahnsteig, auf dem 1917 die deutschen Delegierten die aus Moskau kommenden Sowjets unter der Führung von Trotzki empfingen. Außer nach Rußland war der Herr Husarenoberst auch sonst viel unterwegs. So fuhr er zur Hochzeit des Kronprinzen Rudolf nach Schönbrunn, wo er, ungeachtet der Anwesenheit seiner jungen Gattin, die molligen Wienerinnen bewunderte: *Damen meist stattlicher Erscheinung von oft großer Schönheit!* In den nächsten Jahren folgte er Einladungen nach London, abermals nach Wien und wieder nach England, wo er sich im Kostüm eines schottischen Hochländers fotografieren ließ. Dieses Konterfei verschenkte Prinz Wilhelm serienweise, jedes Bild mit eigenhändiger Unterschrift: *I bide my time*, was dem Sinn nach besagen soll: Ich warte auf meine Stunde. Wann erwartete er sie? Wenn er Zukunftsspekulationen angestellt hat, müßte er sich ausgerechnet haben, daß – unter der Voraussetzung, sein Vater erreiche das Durchschnittsalter der Hohenzollern um die 70 herum – noch gute zwanzig Jahre vergehen könnten, bis er Kaiser würde. (Wäre Kronprinz Friedrich gar so alt geworden wie Wilhelm I., nämlich 91, dann hätte Wilhelm II. den Thron theoretisch erst bestiegen, als er ihn praktisch bereits vier Jahre verloren hatte: nämlich 1922. Wir wollen die Gedankenspielerei nicht so weit treiben, zu fragen, ob es dann zu einem Weltkrieg gekommen wäre . . .) Der Thronfolger mußte sich also, wie auch immer, auf eine längere Militärlaufbahn gefaßt machen. Wie groß seine Selbstbeherrschung in dieser Zeit noch sein konnte, bezeugt ein kleiner Zwischenfall aus einem unveröffentlichten Tagebuch: «Manöverfest 1887. Prinz Wilhelm Ehrengast auf dem Rittergut (Bredow) meiner Eltern. Der traditionelle Hammelbraten wird serviert. Prinz Wilhelm neigt sich im Gespräch zu meiner Mutter, als unser alter, schon recht wackliger Diener Puschke die Saucière auf den Tisch stellen will, durch die Verbeugung des Prinzen ins Wanken kommt und das kochend heiße Hammelfett in den Uniformkragen des hohen Gastes gießt. Der Prinz zuckt zusammen, schüttelt den Kopf und fährt im Gespräch mit meiner Mutter fort, als sei nichts geschehen. Erst nach Beendigung des Diners geht der Prinz auf sein Zimmer und wechselt Hemd und Uniformrock.»[40] Wobei bemerkenswert ist, daß Wilhelm sogar im Manöver mehrere Galauniformen mit sich führte.

Als ich im Sommer 1886 mit meiner Frau zur Kur in Bad Reichenhall weilte, war Eulenburg eine Zeitlang bei uns zu Besuch und erfreute uns des Abends durch Klavierspiel und Vorträge seiner Balladen. So nüchtern schrieb der Kaiser von dem Erlebnis, das ihn, als er 27 Jahre alt war, völlig verzaubert hatte. Graf Philipp Eulenburg-Hertefeld, damals Attaché der Gesandtschaft in München, ebenso schön wie charmant, fühlte sich ganz als Künstler, wurde von der Gesellschaft seiner Zeit mit seinen Skalden- und Rosen-Liedern sogar ernst genommen, konnte bald in romantischen Tönen schwelgen, bald humorvoll erzählen. Phili (von Herbert von Bismarck zuerst, dann von allen Freunden so genannt) war genau die Persönlichkeit, die Wilhelm sich als ideale Ergänzung erträum-

Wilhelm in schottischer Tracht, 1883

te. *Er war ein großer Naturschwärmer, und auf langen Spaziergängen in der schönen Umgebung von Reichenhall haben meine Frau und ich . . .* Hier irrt oder schwindelt der alte Herr: Dona, von Anfang an mißtrauisch gegen Phili, begleitete die Freunde fast nie; sie war auch zu ungeistig, um ihren *anregenden Unterhaltungen über Kunst, Musik und Literatur*[41] folgen zu können. Arglos vertraute sich der Prinz dem zwölf Jahre älteren Grafen an, der viel im Hause Bismarck verkehrte wie Wilhelm auch und auf kameradschaftlichem Fuß mit dem Sohn des Kanzlers stand. Bismarck kalkulierte als vorausschauender Staatsmann selbstverständlich den Enkel seines Kaisers bereits als politischen Faktor ein, mochte der junge Mann auch noch ahnungslos auf dem Gebiet der Welthändel sein. In einem Brief vom 11. August 1886 teilte Herbert von Bismarck seinem Freund Eulenburg mit, wie Prinz Wilhelm Philis «Lob in allen Tonarten» singe, und riet ihm das zu «benützen» und ihn zu «bearbeiten». «Denn das gewisse Himmelstürmende in seinen Ansichten muß noch mehr und mehr herabgestimmt werden, damit die Potsdamer Leutnantsauffassungen allmählich staatsmännischen Reflexionen Platz machen. Sonst ist der Prinz ja eine Perle. Leider scheint seine Gesundheit noch etwas schwankend zu sein.» Und eine Woche später: «Mein lieber Phili . . . Morgen sind Sie also mit Prinz Wilhelm in Bayreuth. Eben hatte ich noch einen Brief von diesem liebenswürdigen Herrn. Hoffentlich passen Sie gut auf ihn auf, daß die Wagnerschen Posaunendissonanzen dem leidenden Ohr des Prinzen nicht schaden. Sechs Stunden Zukunftsmusik würden selbst mein Trommelfell entzünden. Ich fürchte immer, der Prinz mutet sich bei der Energie, die er in alles hineinbringt, zu viel zu, und daran muß man ihn verhindern, denn seine Gesundheit ist von geradezu unschätzbarem Werte für das deutsche Vaterland.» War es mehr die Freundesnähe als die Musik, wenn ihn der «Parsifal» zu Tränen rührte? Später hat der Kaiser mehrmals seine Abneigung gegen Wagner, den er *für einen ganz gewöhnlichen Kapellmeister* hielt, bekundet. Wenn Phili beim «Liebchen» – wie der interne Spitzname für Wilhelm in der Korrespondenz der Kamarilla bald lauten wird – auch fast alles erreichte, was er wollte: Schirmherr der Festspiele zu werden weigerte sich der Kaiser. Nur einmal ließ er am Grab des Meisters von einem Trompeterkorps Fanfaren blasen, so daß man sich im Hause Wahnfried die Ohren zuhielt. Und Cosima äußerte nach einem Gespräch mit Wilhelm II.: «Der Kaiser ist menschlich sehr sympathisch, aber um ihm auch

Manöverbesuch auf Gut Bredow

nur die Anfangsgründe der Kunst klarzumachen, müßte ich drei Jahre mit ihm allein auf einer einsamen Insel sein.»[42]

In einem anderen Brief aus dem Herbst des Jahres ist von «mangelnder Reife» und «Unerfahrenheit des Prinzen» die Rede, «verbunden mit einem Hang zur Überhebung und zur Überschätzung, muß ich es geradezu für gefährlich halten, ihn jetzt schon mit auswärtigen Fragen in Berührung zu bringen», so schrieb der besorgte Vater an den Kanzler, als sein Sohn im Auswärtigen Amt hospitierte. Dieser Brief war ein Hieb. Niemand kannte damals den letzten Akt der Tragödie um den Kronprinzen. Bismarck mußte in absehbarer Zeit Friedrich Wilhelm als seinen Herrn betrachten. Wie würde er mit ihm, der seiner stockenglisch gesinnten Frau völlig hörig war, fertig werden? Also setzte er auf Wilhelm, den künftigen Kronprinzen, der als Frondeur seinen Zwecken dienlich sein konnte. Der große Jongleur rechnete stets mit allen Möglichkeiten, konnte aber 1886 nicht voraussehen, daß der Kronprinz im nächsten Jahr schwer erkranken und im übernächsten als Kaiser sterben würde. Wenn Prinz Wilhelm zuerst begeistert war, daß er *unter Anleitung des Kanzlers im Auswärtigen Amt arbeiten* dürfe ... *und in das Getriebe der großen politischen Maschine eingeweiht werden* solle – in der Praxis beschäftigte er sich nur mit einigen «interessanteren Fällen», im übrigen langweilte ihn der Aktenkram. Etwas durchschaute er immerhin von der «Maschinerie»: daß hier nur einer Herr war und alles nach seiner Pfeife tanzte. *Das Auswärtige Amt ist nichts als das Büro des Kanzlers.*[43]

Am 5. November 1887 wurde die zunehmende Heiserkeit des Kronprinzen Friedrich Wilhelm als Kehlkopfleiden diagnostiziert. Die deutschen Ärzte zogen zum Konsilium den englischen Spezialisten Mackenzie hinzu. Als das Urteil gefallen war, schrieb Wilhelm an Hinzpeter: wie tapfer sein Vater das *schreckliche dictum* ertragen habe, als *echter Hohenzoller und großer Soldat. Gebe ihm Gott nur möglichst wenig Schmerzen in diesem fürchterlichen unerhörten Abschluß seines Lebens! Ich hätte nimmer geglaubt, daß Tränen eine Erleichterung sind, denn ich kannte sie bisher nicht.* (Das schreibt er dem Mann, der ihn unzählige Male zum Weinen gebracht hatte.) *Ein Schlag, eine Kugel, alles wäre ja besser, als dies entsetzlichste aller Übel; ich kann es kaum fassen.*[44] An Phili aber schrieb er am gleichen Tag: *Es ist überhaupt fraglich, ob ein Mann, der nicht sprechen kann, König von Preußen sein darf.*[45] Das ferne Ziel erschien ihm plötzlich greifbar nahe, er sah das Licht der majestätischen Sonne für sich aufgehen, und es blendete ihn. Von den Leidensstationen Friedrich Wilhelms, seinem berühmten Wort: «Lerne leiden ohne zu klagen», dem Streit der Ärzte, der häßlichen, von Bismarck unterstützten Pressekampagne gegen Viktoria, und wie Prinz Wilhelm immer mehr in Gegnerschaft zu seinen Eltern geriet, ist schon oft melodramatisch berichtet worden. Der Familienkampf führte zu Szenen, die Wilhelm in keinem guten Licht zeigen; so, wenn er zur Mutter sagte, daß der Vater besser bei Wörth gefallen wäre.

Schwerer als alle körperlichen Schmerzen ertrug der todkranke Mann

Philipp zu Eulenburg

in seinem Sonnengefängnis San Remo die Nachrichten aus Berlin: daß er hilflos dalag, während sein Sohn von dem hinfälligen, greisen Kaiser, der sich von dem Attentat des Dr. Nobiling vom 2. Juni 1878 nicht mehr erholte, eine Generalvollmacht zur Unterzeichnung der amtlichen Ordres erhielt, regte ihn so auf, daß sein Zustand sich verschlechterte. *In der großen, krisenhaften Zeit um 1888 war es so, daß drei Auffassungen nicht immer in Einklang waren: die des Kronprinzen, meines Herrn Vaters, die meines Herrn Großvaters und die des Sohnes des Kronprinzen. In diesen vielleicht unvermeidlichen Zwiespalt der sich zur Folge bestimmten Generationen wurde meine Frau Mutter mitgerissen.*[46] Den mächtigsten Querulanten vergaß Wilhelm in dieser die Vorgänge bagatellisierenden Darstellung zu erwähnen: Bismarck.

Am 9. März starb, 91 Jahre alt, Wilhelm I. Das letzte Glas Wein reichte ihm sein alter Vasall. (Es schmeckte dem Sterbenden bitter.) Dann sagte er noch (wahrscheinlich im Glauben, sein Enkel stehe neben seinem Bett) zu Bismarck: «Die Sache mit dem Zaren hast du gutgemacht», und schloß die Augen für immer. Des Volkes Trauer war groß. Es hatte die Vaterfigur verloren, den Halt und Trost deutscher Herzen. Vergessen war der «Kartätschenprinz», der in der Revolution 1848 vor der Wut der Massen, die ihn lynchen wollten, über die Pfaueninsel nach England fliehen mußte. Wer sich daran oder an sein brutales Verhalten im

Herbert von Bismarck

süddeutschen Krieg noch erinnerte, hatte ihm alles als «Jugendsünde» verziehen, ohne daran zu denken, daß dieser Prinz von Preußen 1848 ein Mann von 51 Jahren war. Kaiser Friedrich, obwohl nicht reisefähig, fuhr aus dem Süden in das rauhe Klima des Nordens, seinem Tod entgegen. An seiner Seite Viktoria, die darauf brannte, als Kaiserin die Macht zu ergreifen. Wilhelm, als Kronprinz nunmehr Kaiserliche Hoheit, stieg schon mit einem Fuß in den Steigbügel und konnte es kaum erwarten, auf dem hohen Roß zu sitzen. Ihm war klar, daß er, sobald er Kaiser wäre, auf Bismarck angewiesen sein würde – zunächst.

Dennoch kam es jetzt schon zu einem ersten Konflikt. Im Salon Waldersee wurde eine Aktion ausgebrütet, die dem Kanzler zuwider war. Hofprediger Stoecker gründete, von der ebenso reichen wie religiösen Dame des Hauses gefördert, die «Christlich-soziale Stadtmission» und Wilhelm, vom Predigertalent des politisierenden Geistlichen hingerissen, fand, daß *Stoecker etwas von Luther habe*, was er auch Bismarck schrieb, und für wie unterstützungswürdig er die gute Sache halte. Als noch ein zweiter Brief des sich auf seinen Herrscherberuf vorbereitenden Prinzen eintraf, in dem er klarlegte, wie er sich sein Verhältnis zu den deutschen Bundesfürsten vorstelle, wie er sie *per Neffe zu Onkel* zu karessieren gedenke, um sie von seinem *Wesen und seiner Art zu überzeugen*, weil sie dann besser parieren würden; *Denn pariert muß werden! Aber besser, es geschieht aus Überzeugung und Vertrauen als gezwungen!*[47], platzte dem Alten der Kragen, und er antwortete dem vorlauten Kronprinzen in gebotener devoter Form, aber unmißverständlich: kurz und bündig rate er, den letzten Brief «ohne Aufschub zu verbrennen». In bezug auf die Teilnahme an den Versammlungen der Stadtmission setzte er ihm weitläufig auseinander, wie gefährlich es sei, wenn er bereits als Thronfolger von der öffentlichen Meinung zu einer Parteirichtung gerechnet werde, und daß er sich keinesfalls als Aushängeschild für eine Sache benützen lassen dürfe, deren Motive nicht einmal ganz einwandfrei seien. (Stöcker war wütender Antisemit.) Der Prinz antwortete verschnupft. Doch die sich überstürzenden Ereignisse ließen die kleine Kontroverse vergessen – zunächst.

Auf der Spree ließ sich der todkranke Monarch nach Potsdam bringen, um dort, wo er geboren war, auch zu sterben, nachdem er im Charlottenburger Mausoleum von Vater und Großeltern Abschied genommen hatte. Vierzehn Tage mußte er noch leiden. Am Morgen des 15. Juni wurde Kronprinz Wilhelm von seiner Schwester Viktoria geweckt: er solle rasch kommen, es gehe zu Ende. Mit zittrigen Fingern kritzelte Kaiser Friedrich kaum leserlich auf einen Zettel: «Viktoria, ich und die Kinder . . .» Vergessen und vergeben aller Zank und alle Mißverständnisse – für den Sterbenden, nicht für die Lebenden. *Still und ohne Todeskampf hauchte der Sieger von Königgrätz und Wörth, des Neuen*

Wilhelm I.
auf dem Totenbett

*Die Beisetzung Kaiser Friedrichs III., vom Neuen Palais in Potsdam aus,
16. Juni 1888*

Deutschen Reiches zweiter Kaiser, seine edle Seele aus. Mit diesem Satz
schließen des Kaisers Jugenderinnerungen. Schwerlich hätte Wilhelm II.
schreiben können, was unmittelbar nach seines Vaters Tod geschah.
Blieb er neben der Leiche stehen und erlebte er mit, wie die Trauernden
von militärischem Lärm aus ihren Tränen aufgeschreckt wurden? Im
Laufschritt umstellte eine Kompanie des Lehrbataillons das Schloß, auf
der Terrasse, vor jeder Tür zog ein Posten mit geladenem Gewehr auf.
Eine Abteilung Husaren rückte zur Verstärkung heran. Major von Natz-
mer, der sich am Vorabend im Schloß einquartiert hatte, ritt im Trab
durch den Park, kontrollierte die Posten und erteilte strengsten Befehl,
niemanden heraus oder hinein zu lassen, nicht einmal die Ärzte. Eine
Hofdame, die Rosen für den Toten pflücken wollte, wurde höflich ins
Gebäude zurückgeführt.

Die erste Regierungshandlung des neuen Herrschers erscheint nicht
darum berichtenswert, weil sie die Frage aufwirft, wie ein Mensch, der
ständig Gottes Wort im Munde führt und sich für einen wahren Christen
hält, so gegen das vierte Gebot verstoßen kann, sondern weil die Aktion
typisch ist für so viele Unternehmungen Wilhelms II. Sie war nämlich
sinnlos. Natürlich ging es dem Kaiser um Staatspapiere, die er sich durch
raschen Zugriff sichern wollte, bevor sie ins Ausland gebracht werden
und dort hätten Schaden anrichten können. Daß Viktoria (die als Kaiserin
Friedrich in die Geschichte eingegangen ist) während der Wochen, in
denen ihr Gatte dem Tod entgegensiechte, selbstverständlich alles beisei-
te schaffen würde, was ihr ungeratener Sohn nicht zu Gesicht bekommen
sollte – wie es tatsächlich ja auch geschehen ist –, war so sicher vorauszu-
sehen gewesen wie der Umstand, daß jeden Tag die Sonne untergeht.

DIE WACHABLÖSUNG

> «Bei hellem Tageslichte hab ich es anders
> gesehen ... Gewiß, Geschichten und Ge-
> schichte wachsen und wechseln im Ent-
> stehen.»
>
> Theodor Fontane

Seit dem 15. Juni 1888 fühlte sich Wilhelm II. als Herr über alle Deutschen. War er es? Das Deutsche Reich konstituierte sich als Bundesstaat,
bestehend aus vier Königreichen (Preußen, Bayern, Sachsen, Württemberg), sechs Großherzogtümern (Baden, Hessen, Oldenburg, beide
Mecklenburg, Sachsen-Weimar-Eisenach), fünf Herzogtümern, sieben
Fürstentümern, drei Stadtrepubliken (Hamburg, Bremen, Lübeck) und
dem annektierten Reichsland Elsaß-Lothringen. Das Regierungsorgan
dieser Föderation war der Bundesrat, die höchste Instanz des Reiches,
mit gesetzgebender, aber auch vollziehender Gewalt, bestehend aus den
Bevollmächtigten jedes Landes. Vorsitz und Geschäftsleitung hatte der
Reichskanzler inne, den zu ernennen und entlassen das alleinige Recht
des deutschen Kaisers war. Als Oberster Kriegsherr durfte der Kaiser,
dessen Rechte und Pflichten die Verfassung klar umgrenzte, von sich aus
Krieg erklären; lediglich ein Präventivkrieg bedurfte eines zustimmen-
den Beschlusses im Bundesrat. Unter Wilhelm II. führte diese oberste
Reichsbehörde nahezu ein Schattendasein. Preußen besaß mit siebzehn
Stimmen die Mehrheit, mit vierzehn Stimmen konnte jeder Antrag
abgelehnt werden. Nun war der Reichskanzler (fast immer) in Personal-
union Preußischer Ministerpräsident, als solcher hatte er nur seinem
König zu gehorchen, der in seinem Land Souverän war. Der Reichskanzler war aber nicht nur für sein Amt, sondern für sämtliche Ressorts
verantwortlich, und zwar dem Kaiser. Reichsgesetze, Staatsverträge und
Regierungserlasse bedurften der Unterschrift von Kaiser und Kanzler.
Die Ministerien hießen Reichsämter und ihre Chefs Staatssekretäre. Als
Regulativ für die gesetzgebende Gewalt funktionierte der Reichstag,
der vor allem die Gelder für Heer und Marine, aber auch das Kaiserge-
halt, genannt Zivilliste, zu bewilligen hatte; das heißt, seine Funktion
wurde zur Farce, da Seine Majestät das Recht besaß, ihn aufzulösen und
alle Reichsboten, wie die Abgeordneten genannt wurden, nach Hause zu
schicken, wenn sie ihm eine durch den Reichskanzler vorgebrachte Ge-
setzesnovelle ablehnten. Jeder Bundesstaat besaß ebenfalls ein Parlament, das Sonderbestimmungen für das jeweilige Land beschließen
konnte, sofern sie das Reichsrecht nicht berührten. Auch in Preußen gab
es einen Landtag, bestehend aus zwei Kammern: dem Herrenhaus der
Feudalen, dessen Mitglieder sich aus Landadel (mit Erbsitzen), pensio-
nierten Generalen (auf Lebenszeit) und, quasi als Aushängeschild, einigen liberaleren Professoren rekrutierten, allesamt jedoch eingeschwore-
ne königstreue Männer – und dem Abgeordnetenhaus, das eine Stimme

des Volkes hätte sein können, durch das ungerechte Dreiklassenwahlrecht jedoch vom besitzenden Bürgertum blockiert und so zur Parodie einer Volksvertretung wurde, zumal der preußische König beide Kammern nach Belieben vertagen oder auflösen konnte, sobald sie nicht parierten. Auf der Klaviatur dieses politischen Simultansystems konnte zur Not ein Bismarck spielen; nach ihm ist es keinem mehr gelungen. Wilhelm II. verwirrte den Regierungsapparat noch durch persönliche Dienststellen, durch Hervorhebung der sogenannten Immediatskabinette, sozusagen Hohenzollernsche Privatministerien, deren Chefs dem Kaiser schriftlich und mündlich direkt Bericht erstatteten. Wilhelm II. glaubte über allen Regierungsorganen zu stehen. Seine Bemerkung, daß er die Verfassung nicht kenne, sie nie gelesen habe, also über seine staatsrechtliche Stellung nicht Bescheid wisse, hat er in *Ereignisse und Gestalten* widerlegt, wo er sie - a posteriori zu seiner Verteidigung - genau fixiert. Bei seinem Charakter liegt immerhin die Vermutung nahe, daß er den Verfassungstext nicht genau studiert, sondern flüchtig überflogen hat, so wie ein normaler Sterblicher Kleingedrucktes in Versicherungsverträgen liest. Wie dem auch sei: er fühlte sich als Gebieter des Reiches und nicht, was er in Wirklichkeit war, als primus inter pares, der Erste unter den gleichgestellten deutschen Bundesfürsten und den Bürgermeistern der Hansestädte. Als äußeres Kennzeichen sei darauf hingewiesen, daß er sämtliche Schriftstücke, auch Privatbriefe und Telegramme, mit I. R. (Imperator Rex) unterzeichnete; was ihm niemand verübelte und auch bisher keinen Historiker störte, da Imperator ja im allgemeinen als Synonym für Kaiser hingenommen wird. Juristisch korrekt war es nicht: Imperator ist allein der König der Könige. Wilhelms II. Titel aber war: «Deutscher Kaiser», nicht «Kaiser von Deutschland». Er war nicht des Reiches Souverän, sondern nur sein Repräsentant.

Zehn Tage nach seinem Machtantritt, bei Eröffnung des Reichstages, hat Wilhelm II. Premiere seines Glanzstückes «Selbstdarstellung eines Kaisers». Das Kostüm entspricht seiner Rolle: in der ordengeschmückten Generaluniform des Garde-du-Corps, mit einem von ihm eigens entworfenen roten Mantelüberwurf der Ritter vom Schwarzen Orden tritt er vor die Reichsboten und spricht goldene Worte. Nach der Verfassung habe er ja mehr in seiner Eigenschaft als König von Preußen an der Gesetzgebung des Reiches (!) mitzuwirken, aber auch da werde er bestrebt sein, *das Werk der Reichsgesetzgebung in dem gleichen Sinne fortzuführen, wie Mein Hochseliger Herr Großvater es begonnen hat.* Entsprechend der christlichen Sittenlehre will er bestrebt sein, den *Schwachen und Bedrängten im Kampfe ums Dasein* Schutz zu gewähren. (Bei Bismarck erregt dieser «Stöckerismus» Stirnrunzeln.) *Ich hoffe, daß es gelingen werde, auf diesem Wege der Ausgleichung ungesunder gesellschaftlicher Gegensätze näherzukommen.*[48] Hatte man ihm bei seinem ersten Auftritt noch Lampenfieber angemerkt; zwei Tage später, vor dem preußischen Landtag, wirkt er schon sicherer. Nach dieser

Thronrede an die *Erlauchten, edlen und geehrten Herren* «warf der Fürst [Bismarck] bei der Rückkehr die Mütze auf den Tisch und sagte mit glücklichem Lächeln: ‹Im Sattel hew ick en jetzt›», schreibt die Baronin Spitzemberg in ihr Tagebuch. Seelenruhig fährt der Reichskanzler nach Varzim, danach nach Friedrichsruh und läßt sich im Laufe der nächsten achtzehn Monate nur viermal in Berlin blicken, ebenso selten wie der neue Herr, den es drängt, sich in seiner Pracht der Welt zu präsentieren. Mit großem Gefolge beginnt er die Rundreise (ohne Dona, die, weil hochschwanger, daheim bleiben muß). Erste Station: Kiel, wo Wilhelm II. als erster Deutscher Kaiser und König von Preußen eine Flottenparade in Admiralsuniform abnimmt. In russischer Generalsuniform, als Nominalchef des Wiborger Infanterieregiments, führt er in Krassnoje-Selo dem Zaren Alexander III. «seine» Formation im Parademarsch vorbei. Über Kronstadt geht es nach Stockholm, wo ihn die freudige Botschaft der Geburt seines fünften Sohnes erreicht. Nach dem Besuch beim dänischen König in Kopenhagen dampft er nach Kiel zurück, wo er an *Bord Meiner Jacht «Hohenzollern»* eine Ordre erläßt: *Die Erscheinung meiner Schiffe in fremden Häfen war geeignet, sie die anerkennende Beurteilung des Auslandes finden zu lassen.*[49] Am 1. August besucht er den Fürstkanzler in Friedrichsruh, am 5. sagt er, bei der Audienz des Afrika-Reisenden Leutnant Wißmann: *Alles, was sich auf die deutschen kolonialen Unternehmungen bezieht, findet Mein lebhaftes Interesse.*[50] Nach kurzem Potsdam-Aufenthalt ist er am 16. in Frankfurt, um ein Denkmal für den Prinzen Friedrich Karl, den Sieger von Mars-la-Tour, zu enthüllen, wo sein Redefluß zum erstenmal überströmt: *Es gibt Leute, die sich nicht entblöden, zu behaupten, daß Mein Vater das, was er mit dem seligen Prinzen gemeinsam mit dem Schwert erkämpfte, wieder herausgeben wollte ... Ich glaube ... daß darüber nur eine Stimme sein kann, daß wir lieber unsere gesamten 18 Armeekorps und 42 Millionen Einwohner auf der Walstatt liegen lassen, als daß wir einen einzigen Stein von dem, was Mein Vater und der Prinz Friedrich Karl errungen haben, abtreten.*[51] Danach Stippvisite in Potsdam, um am Adlerschießen der Offiziere des 1. Garderegiments im Katharinengehölz teilzunehmen; dann hin und her pendelnd zwischen Dresden, um sich dem König von Sachsen zu zeigen, dem Tempelhofer Feld für die große Herbstparade, der Flottenschau in Wilhelmshaven, Müncheberg, Detmold und Berlin, wo er das Protektorat über die für das nächste Jahr vorbereitete «Deutsche Allgemeine Ausstellung für Unfallverhütung» übernimmt. Weiter geht es über Stuttgart, Konstanz und die Insel Mainau für zwei Tage nach München; am 4. Oktober stellt sich S. M. dem alten Kaiser Franz Joseph in Schönbrunn als Kollege vor, unternimmt mit ihm mehrere Jagden (Pirsch im Lainzer Tiergarten, Hochwild in Kaltenbach). Am 11. Oktober ist er bereits in Rom, besucht Castellamare und Neapel, am 25. Oktober weilt er in dem kleinen deutschen Städtchen Blankenburg; für den Rest des Jahres werden noch Hamburg, Breslau und Stettin (Vulcan-Werft) mitgenommen, kurz: er läßt nichts aus.

Wilhelm II. Gemälde von Max Kroner, 1890.
Ein französischer General sagte dazu: «Das ist kein Porträt,
sondern eine Kriegserklärung.»

Im nächsten Jahr kräuseln sich die ersten Wellen. Die unterschiedlichen Auffassungen über die Arbeiterfrage zwischen Kanzler und Kaiser beginnen sich abzuzeichnen. Hier der Realpolitiker, da der Romantiker! So schematisch ist es leider nicht: Bismarck, unglücklich in seiner Innenpolitik seit je, ist in diesem Fall absoluter Reaktionär, Wilhelm, obwohl mit dem Sozialgefüge kaum vertraut und von unsicherem Idealismus getragen, ist dem Pulsschlag der Zeit näher. Am 14. Februar 1890 tritt im

Wilhelm II. am Schwert-Kreuz. Zeichnung von Jean Veber.
Erschienen in «Le Rire», 1897

Königlichen Schloß ein Staatsrat zusammen, bei dem der Kaiser einen
Ausschuß einsetzt, um über die *Sicherung eines friedlichen Verhältnis-*
ses zwischen Arbeitgebern und Arbeitnehmern zu beraten – und zwar
soll ausdrücklich den Arbeitnehmern Gewähr dafür geboten werden, *daß*
sie durch Vertreter, die ihr Vertrauen besitzen, an der Regelung ihrer
gemeinsamen Tätigkeit beteiligt und zur Wahrnehmung ihrer Interes-
sen in Verhandlung mit den Arbeitgebern befähigt sind[52]. Und so

43

nimmt neben dem Oberbürgermeister von Frankfurt Johannes von Miquel Werkmeister Spengler zu Mattlach Platz, und neben dem Geheimen Finanzrat Jenke sitzt Schlossermeister Deppe aus Magdeburg, der über drei Sitzungen berichtet, an denen er, unter Vorsitz des Kaisers (von morgens 10 Uhr bis abends 17 Uhr 30, mit kurzer Frühstückspause), teilnahm, begeistert darüber, wie S. M. das Wort erteilte oder selbst nahm, «es auch abzukürzen verstand, wenn ein Redner sich verirrte . . . Der Erste und der Letzte auf dem Platze, folgte er den Verhandlungen mit gespannter Aufmerksamkeit.» In den Pausen unterhielt er sich zwanglos, und Meister Deppe vergaß ganz, «daß es der Deutsche Kaiser war, wenn man allein oder im Kreise von einzelnen vor ihm stand, diese oder jene Frage erläuternd». Der dreißigjährige Monarch träumt davon, *roi des gueux*[53] (König der Armen) zu sein. Als er zu Bismarck sagt, er müsse für seine Untertanen, vor allem die Arbeiter, sorgen, fragt ihn der Fürst, ob die Unternehmer denn keine Untertanen von ihm seien. Anläßlich der Jahrhundertfeier der Französischen Revolution wird auf der II. Internationale in Paris der 1. Mai zum Weltfeiertag der Arbeit erklärt. Prompt bricht im Ruhrgebiet ein Bergarbeiterstreik aus, in den der Kaiser als Schlichter eingreift.

Über die sozialen Querelen vergißt Wilhelm II. keineswegs seine Repräsentationspflichten, die er unter ständigem Ortswechsel wahrnimmt. Sein Fahrplan für 1889 sei einmal als Beispiel angeführt. Seine Majestät waren die größere Zeit des Jahres von seiner Hauptstadt Berlin und seiner Residenz Potsdam abwesend, und zwar in Löwenburg, Bücheburg, Oldenburg, Schwedt, Weimar, Eisenach, Braunschweig, Altfelde (Ostpreußen), Dresden (dreimal, am 18. Juni zur Achthundertjahrfeier des sächsischen Königshauses Wettin), Stuttgart, Wilhelmshaven, Dover, Aldershot, Cowes, London, Spithead, Osborne, Bayreuth, Straßburg, Metz, Münster (Westfalen), Küstrin, Oschatz, Minden, Hannover, Göttingen, Springe, Osterwald, Coppenbrügge, Elze, Schwerin, Holtenau, Hubertusstock, Monza, Genua, Athen (Telegramm an Bismarck: *Mein erstes Wort ins Vaterland ein Gruß an Sie von der Stadt des Perikles und den Säulen des Parthenon her*), Konstantinopel, Malamocco, Monza, Letzlingen, Liebenberg (zu Gast bei Freund Eulenburg), Breslau, Pleß (Fasanenjagd), Dessau, Darmstadt, Worms, Frankfurt a. M., Hannover, Neugattersleben. Die große Ferienfahrt ist in dieser Liste noch ausgelassen: am 1. Juli, 5 Uhr morgens, lichtet in Kiel die Kaiserliche Jacht «Hohenzollern», mit ihrem Eigner nebst besonders ausgesuchtem Gefolge an Bord, die Anker zur Fahrt in die norwegischen Fjords, zur Nordland-Reise, von nun an integraler Bestandteil des kaiserlichen Jahresprogramms – bis 1914.

Am 25. Januar 1890 lehnt der Reichstag die Verlängerung des Sozialistengesetzes ab, was dem Kanzler zupaß kommt, da er schärfere Maßnahmen vorhat, die Wilhelm II. ablehnt. Die markanten Sätze aus seiner Rede vor dem Provinziallandtag am 5. März: *Diejenigen, die Mir . . . behilflich sein wollen, sind Mir von Herzen willkommen, wer sie auch*

Einweihung der Technischen Hochschule in Breslau, 1910.
Der Kultusminister begrüßt den Kaiser

seien; diejenigen jedoch, welche sich Mir bei dieser Arbeit entgegenstellen, zerschmettere ich, sind eine Drohung an Bismarcks Adresse. Weitere kleinliche Vorwände für den endgültigen Bruch sind ein Besuch des Zentrumsabgeordneten Windthorst bei Bismarck und die Weigerung, einen alten Erlaß, der Vorträge einzelner Minister ohne Anwesenheit des Reichskanzlers ausschloß, aufzuheben. In der entscheidenden Aussprache am 15. März fühlt sich der Monarch *ganz an die Wand gedrückt* und der Fürstenkanzler «wie ein Schulbube behandelt». Wie erwachsene Männer haben sich beide nicht benommen, weder der Junge noch der Alte. Bismarcks Entlassung, oft und oft dargestellt, zumeist als nationale Tragödie, war in ihren Begleitumständen – nicht in ihrer politischen Auswirkung – mehr eine Sentimentalkomödie. Sie zu schildern müssen wir uns aus Raumgründen versagen.

Als das große Ereignis bekannt wird, ist die Wirkung im Ausland stärker als in Deutschland. «Bismarck war nie das gewesen, was man ‹beliebt› nennt, weder beim Volke, noch bei den Volksvertretern»,

45

schreibt Golo Mann. «Wilhelm II. konnte sich sagen, daß er nicht nur richtig, sondern auch im Sinn des Volkes gehandelt habe.»[54] Die vom grollenden «Alten im Sachsenwalde» angefachten Feuer der Bismarck-Türme haben sieben Jahrzehnte lang nationale Herzen angeglüht, bis moderne Historiker zu der Beurteilung zurückfanden, die in der «Frankfurter Zeitung» zwei Tage vor der offiziellen Entlassung, am 18. März 1890, zu lesen war: «So still und geräuschlos sich der Rücktritt des Fürsten Bismarck bisher abgespielt hat und vollziehen wird, daß er ein welthistorisches Ereignis ist, wird jedermann klar sein. Nicht um der Person willen, denn so gewaltig und mächtig sie war, es hat schon Mächtigere und Gewaltigere gegeben, die man scheiden sehen mußte. Wenn Fürst Bismarck jetzt die Stelle verläßt, auf der er – ‹ein gutes Pferd, das in den Siehlen stirbt› – enden wollte, so bedeutet das etwas Anderes, als einen Personenwechsel, als daß Einer geht und ein Anderer kommt. Das System Bismarck fällt, es stirbt an dem jugendkräftigen Wesen einer neuen Zeit . . . Die Quintessenz des Systems war die Bekämpfung und Niederhaltung jeder ihm entgegentretenden Meinung und Bestrebung durch äußere Machtmittel, die Übertragung der Grundsätze der äußeren Politik auf das innere Staatsleben . . . Auch für ein Bismarcksches System ist die Zeit dahin, in der Größe seiner Thaten und Sünden wird ihm kein anderes gleichkommen. Mögen wir schweren Kämpfen und noch schwereren Versuchungen entgegengehen, das Ende des Bismarckschen Systems wird als eine Erlösung empfunden werden, es ist nicht das Werk eines Einzelnen, sondern eine That aus dem Geiste der Nation, der nun mit freiem Flügelschlag sich regen und aufschwingen kann zu neuen Thaten.» Der letzte illusionäre Satz blieb allerdings ein Wunschtraum.

Ein Handschreiben Seiner Majestät an den «Herzog von Lauenburg» ist des geheuchelten Dankes voll. (Der Fürst wird den ihm neu verliehenen Titel nie verwenden – «Ich bin Bismarck».) Ein Telegramm des Kaisers nach Weimar übersteigt das Maß erlaubter politischer Verlogenheit. *Mir ist so weh ums Herz, als hätte ich Meinen Großvater noch einmal verloren!* Sieben Jahre später bezeichnet Wilhelm II. in rauschhafter Festrede – in der er von seinem Großvater, dem «Bismarck-Kaiser» Wilhelm I., behauptet: . . . *wenn der hohe Herr im Mittelalter gelebt hätte, er wäre heilig gesprochen und Pilgerzüge aus allen Ländern wären hingezogen, um an seinem Grabe Gebete zu verrichten* – den Reichsgründer und Roon und Moltke (ohne sie namentlich zu nennen) als *Handlanger Seines Erhabenen Wollens,* sogar als *Pygmäen.*

Nach dem «Staatsbegräbnis erster Klasse» denkt Bismarck nicht daran, mag er politisch auch ein toter Mann sein, sich in Friedrichsruh widerspruchslos zur Ruhe zu setzen. Daß er sich in den Reichstag wählen läßt ist nichts als eine Drohgebärde, er besucht ihn nie. Dafür bedient er sich um so boshafter der Presse, die er auch in seiner fünfundzwanzigjährigen Amtszeit durch Beeinflussung und Bestechung zu manipulieren verstanden hat. Wie zwei Kampfhähne hacken sie aufeinander los: Wilhelm,

Bismarck und sein Mitarbeiter Karl Heinrich von Bötticher

über die von Bismarck inspirierten kritischen Artikel in den «Hamburger Nachrichten» verärgert, schreibt dem österreichischen Kaiser, als Herbert von Bismarck in Wien heiratet, mit dem Vater als Trauzeugen, daß Franz Joseph seinem abtrünnigen Exkanzler keine Audienz gewähren dürfe, da er ihn, Wilhelm, noch nicht um Verzeihung (!) gebeten habe. Bismarck sorgt dafür, daß dieser «Uriasbrief» bekannt wird. Seine Rückreise wird zum Triumphzug für ihn. Bei einer Ovation der Göttinger Studenten und Professoren spricht er, zum Gaudium seiner Hörer, freimütig aus, daß er genau so kaisertreu sei wie der Ritter Götz von Berlichingen, im übrigen aber auch mit dessen Wort aus dem Schloßfenster einer Meinung sei. 1894 lädt ihn Wilhelm zu seinem Geburtstag nach Berlin ein. Sie haben eine Unterredung unter vier Augen. Es kommt

47

Seeschlacht. Aquarell von Wilhelm II., 1895 gemalt

zur scheinheiligen Versöhnung. *Jetzt bin ich ihm um eine Pferdelänge voraus,* stellt Wilhelm befriedigt fest und macht seinem Rivalen um die Popularität im Februar 1894 einen Gegenbesuch. Dabei führt er dem alten Staatsmann, der sich niemals auch nur die Spur für militärische Details interessierte, zwei Gefreite des Alexander-Regiments vor, von denen der eine die alte feldmarschmäßige Ausrüstung trägt, der andere die neue, vom Kaiser erfundene «verbesserte» Uniform mit Fangschnüren, und bittet Seine Durchlaucht um sein «fachmännisches» Urteil. War das bewußter Affront oder Naivität eines absoluten Egozentrikers? Wer das wüßte hätte den Schlüssel zum Charakter Wilhelms II. in der Hand. – Als 1895 der Reichstag eine Glückwunschadresse zum 80. Geburtstag des Fürsten ablehnt (was zeigt, daß die Reichsboten ihn nicht in dankbarer Erinnerung haben), springt Wilhelm II. in die Bresche, schickt sofort ein Telegramm und gratuliert ihm persönlich in Friedrichsruh. Allerdings erscheint Seine Majestät beritten. (Das Herrenhaus, ein ehemaliger Ausflugsgasthof, noch mit verblaßten Hotelnummern an den Zimmertüren, liegt etwa 300 Meter vom Bahnhof entfernt.) Stehend muß der Greis die Lobsprüche, die ihm der hohe Herr vom Pferd herab spendet, in Empfang nehmen. Ein Jahr später läßt Bismarck einen Artikel über den umstrittenen Geheimvertrag mit Rußland (er hielt den «Rückversicherungsvertrag» für sein politisches Meisterstück), der nach seinem Abgang nicht erneuert worden war, veröffentlichen. In der ersten Wut will Wilhelm den Fürsten wegen Landesverrats verhaften lassen, dann meint er, er sei doch nicht so dumm, aus dem Alten einen Märtyrer zu machen. Die Leute könnten womöglich nach der Festung, in der er gefangen sei, wallfahren. Die Nachricht von Bismarcks Tod 1898 erhält Wilhelm II. auf der «Hohenzollern». Sofort läßt er beidrehen und kommt, was die Familie Bismarck gern verhindert hätte, zum Begräbnis gerade noch zurecht. Sein Wunsch, den «großen Toten» in Berlin mit einem Staatsbegräbnis zu ehren und ihn im Mausoleum beizusetzen, verweigert Herbert von Bismarck unter Hinweis auf den ausdrücklichen testamentarischen Wunsch seines Vaters, im Sachsenwald begraben zu werden. Offen bleibt die Frage, ob der rachsüchtige Bismarck, der ein Edelmann, aber nicht unbedingt ein Edelmensch war, die Politik seiner Nachfolger ausschließlich aus sachlichen Gründen bekämpfte oder ob persönliche Motive im Vordergrund standen.[55] Nach den neuesten Publikationen erscheint letzteres wahrscheinlicher. Wie auch immer, nach seinem Tode wurde Bismarck Sieger. Seine wuchtige Gestalt warf einen Schatten auf den vergoldeten Adlerhelm des Hohenzollern, der erst verblaßte, als Wilhelm die Feldmütze aufsetzte – um dann freilich gleich wieder von einer neuen Vatergestalt verdunkelt zu werden: von Hindenburg. So allgeliebt, wie er werden wollte, wurde der Kaiser nie. Er konnte es nicht werden. Ihm fehlte die Aura einer legendenbildenden Persönlichkeit.

MIT VOLLDAMPF INS BLAUE

«Jung ward ihm der Thron zuteil
Und ihm blieb es, falsch zu schließen,
Es könnte wohl zusammen gehn,
Regieren und zugleich genießen.»

Goethe

«Der Kaiser . . . noch nicht zum Manne gereift, unerwartet zur Herrschaft gekommen . . . nahm selbst die Zügel in die Hand und begann sogleich sein eigenes Regiment. Es war ein berauschendes Gefühl der Macht, das Bewußtsein, urplötzlich an erster Stelle zu stehen, der Wunsch, etwas Großes zu wirken und vor allem der Trieb, in der Weltgeschichte zu glänzen. Er konnte keine selbständige Kraft neben sich ertragen – er wollte sein eigener Minister sein, und nicht nur das: auf jedem Gebiet auch selbständig eingreifen . . . Er sprach gern viel und öffentlich . . . Das Soldaten- und Manöverspiel . . . artete schon zu einer, von aller Welt verlachten, Farce aus . . in seinen Disziplinmarotten und in den Triumphzügen liegt offenbar ein komödiantischer Zug, der für das pathologische Bild des Cäsarenwahnsinns charakteristisch ist.» Nie vorher und nie nachher hat eine Zwanzig-Seiten-Schrift aus der Feder eines deutschen Professors einen solchen Sensationserfolg erzielt wie Ludwig Quiddes «Caligula – eine Studie über römischen Cäsarenwahnsinn»[56], aus der diese Zitate stammen. Im Erscheinungsjahr 1894 erzielte sie 30 Auflagen. Hunderttausende verschlangen sie und riefen: «Das ist ER, wie er leibt und lebt!» Man entzückte sich über Parallelen in dem als historische Untersuchung getarnten Pamphlet: wenn etwa Caligula – bei Wilhelms Vorliebe, Militärs, die von keiner Sachkenntnis getrübt waren, diplomatische Posten zu geben – einem Pferd die Konsulwürde verleiht. Von lächerlichen Übereinstimmungen in Einzelheiten (die heute zum Teil nicht mehr verständlich sind) abgesehen: Wilhelm II. war nicht einmal der Schatten eines Caligula, er hatte nichts von dessen sadistischer Mordsucht, sexueller Zügellosigkeit oder dämonischer Triebhaftigkeit, er war weder epileptisch noch litt er an krankhafter Schlaflosigkeit. Im Gegenteil: das Oberhaupt aller Deutschen hielt jeden Tag seinen Mittagsschlaf, den er mitunter bis zu drei Stunden ausdehnte.[57] Kann man sich einen Tyrannen vorstellen, der brav sein Mittagspäuschen einhält? Selbst die ihm nachgesagte Prunk- und Verschwendungssucht – bei dem Römer gigantisch – hielt sich bei Wilhelm II. doch in tragbaren Grenzen. Und Caligulas Wort: «Oderint, dum metuant» [Mögen sie mich hassen, wenn sie mich nur fürchten] hat Napoleon wiederholt; im Munde Wilhelms wären sie ein Witz gewesen. Der ungeheure Erfolg dieser verbalen Karikatur aber beweist, wie der Kaiser auf die gebildete Mitwelt wirkte. Quiddes Schrift dürfte nicht wenig dazu beigetragen haben, daß die Intellektuellen den Kaiser nicht mehr ernst nahmen und sich daran gewöhnten, ihn mit den Augen des «Simplicissimus» zu

«Ich trinke auf das Wohl meiner Armee.»
Bei einem Fest des Lehr-Infanterie-Bataillons in Potsdam

betrachten, der ihn fast in jeder Nummer in Wort und Bild dem Gelächter preisgab, Prozesse und Verurteilungen wegen Majestätsbeleidigung mutig einkalkulierend.

Den unbequemen Aufpasser losgeworden, nimmt der «entfesselt Monarch» die Regierung in die Hand wie ein Gewehr. Leider hat er keine Ladehemmung, als er am 13. November 1891 in Potsdam bei der Rekrutenvereidigung, nach der kirchlichen Feier, zu den jungen Soldaten sagt: *Es gibt nur einen Feind, und der ist Mein Feind. Bei den jetzigen sozialistischen Umtrieben kann es vorkommen, daß Ich euch befehle, eure eigenen Verwandten, Brüder, ja, Eltern niederzuschießen – was Gott ja verhüten möge – aber auch dann müßt ihr Meine Befehle ohne Murren befolgen.* (Wortlaut nach der ungereinigten Fassung, abgedruckt im «Breslauer Lokalanzeiger» vom 8. Dezember 1891.) Ein Vierteljahr später wendet er sich gegen die Meute der Nörgler und Verhetzer, die den ruhigen und vernünftigen Leuten *ihre Freude am Dasein und am Leben und am Gedeihen unseres gesamten großen deutschen Vaterlandes vergällt* und rät diesen Mißvergnügten, *lieber den deutschen Staub von ihren Pantoffeln zu schütteln und sich unseren elenden und jammervollen Zuständen auf das schleunigste zu entziehen.*[58]

Was hat ihn so umgedreht? Will er kein Volkskaiser mehr sein? Er überschaut es nicht, aber er spürt es: man ist nicht zufrieden mit ihm, und das empfindet er als persönliche Kränkung. Wie stolz war er darauf, Helgoland auf friedlichem Wege wieder in den *Kranz der deutschen Inseln, welche die vaterländische Küste umsäumt,* zurückgeführt zu haben. Hat man es ihm gedankt? Beschimpft haben sie ihn, ihm vorgeworfen, ein Königreich für eine Nußschale eingetauscht zu haben. Da hat sich ein rechtsradikaler Verband gegründet, der sich «Alldeutsche» nennt; denen ist er zu zahm. Die Linken, deren Partei jetzt «Sozialdemokratische Partei Deutschlands» heißt und ihr Zentralpresseorgan, der «Vorwärts», denen ist er zu forsch. Unbeirrbar hält er den Herren Kritikastern entgegen: *Mein Kurs ist der richtige, und er wird weiter gesteuert,* getreu seinem Telegramm nach Bismarcks Entlassung: *Der Kurs bleibt der alte, Volldampf voraus!* Diese oft von ihm strapazierte Bezeichnung für maritime Richtungsbestimmung ist typisch für ihn. Die byzantinische Presse preist den «Neuen Kurs», die liberale spricht von «Zick-Zack-Kurs». Wie es aber hinter den Kulissen tatsächlich aussah

Beim Vortrag an Bord der «Hohenzollern»

mit der Steuerung des Staates hat Philipp Eulenburg in einem, wir
würden heute sagen, Kabarett-Sketch dramatisiert, den wir (kompri-
miert) wiedergeben, weil dieser kleine, reale Vorfall einen Symbolgehalt
gewinnt, der jeden Kommentar überflüssig macht.

Die «Hohenzollern» hat die Lofoten verlassen. In der Ferne ist die
Küste Norwegens sichtbar. Auf Deck sitzt der Kaiser lesend in einem
Pavillon. Eulenburg will eine dringende dienstliche Depesche nach Berlin
aufgeben und erkundigt sich beim Ersten Offizier Grumme nach der
nächsten Telegrafenstation. Grumme weiß es nicht, kennt auch das
Fahrtziel nicht. Die Herren eilen zum Kapitän von Bodenhausen. Doch
der weiß auch nichts. Eulenburg tritt zum Kaiser: «Verzeihen Eure
Majestät die Frage: wohin fahren wir?» Der Kaiser: *Wohin wir fahren?*
(ruft) *Bodenhausen!* Der Kapitän kommt. Der Kaiser: *Bodenhausen, wohin fahren wir?* Bodenhausen: «Wir fahren – ja, Eure Majestät haben
wohl befohlen . . . wohl noch nicht befohlen?» Der Kaiser (zerstreut an
einem Bleistift kauend und in das anscheinend sehr interessante Buch
schauend, schweigt. Dann, aufblickend:) *Ja – ich denke, wir wollen zum
Lyngenfjord. Da ist doch wohl der Svartisen?* Bodenhausen: «Zu Befehl,
Majestät, da ist er.» (Kein Mensch weiß, wer oder was das ist!) Der Kaiser:
Also zum Lyngenfjord? Hackenzusammenschlagen. Gerettet! Man weiß
endlich, wohin es geht. Nach diesem Dialog begibt sich Eulenburg zum
Steuermann und erkundigt sich bei ihm: «Wohin geht die Fahrt des Kaisers?
Norden? Süden? Osten? Westen?» – «Nee», antwortet der norddeutsche
Seemann, gedehnt, «ick fahre nur man so drauflos.»[59]

Selbstverständlich stehen auch alle Nachfolger Bismarcks in seinem
Schatten. General Leo von Caprivi ist ein alter, disziplingewohnter Soldat, aber ein aufrechter Mann, der nicht alles schluckt. Das hat er als Chef
der Kaiserlichen Admiralität bewiesen. Da er Schiffe nur zur Verteidigung deutscher Küsten für notwendig hielt, widersetzte er sich dem
Ausbau einer Hochseeflotte, wodurch er auf seinem Posten unmöglich
und zur Disposition gestellt wurde. Jetzt wird der pflichteiserne Mann
aus der Versenkung geholt und zum Reichskanzler gemacht, da ihn sogar
Bismarck für «das beste Pferd im Stall» hält, bis er seiner Meinung nach
eine total verfehlte Politik betreibt. Was er seinem Nachfolger aber weit
mehr übelnimmt ist dessen erste Amtshandlung, die auch wieder symbo-
lischen Charakter hat. Der neue Mann in der Wilhelmstraße 76 läßt die
alten Bäume im Hof abhacken, damit mehr Licht in die Räume fällt. Im
übrigen versteht Caprivi tatsächlich nichts von Außenpolitik. Auch der
neue Leiter des Auswärtigen Amtes, Freiherr Marschall von Bieberstein,
ist ein Außenseiter. Der Tanz der Dilettanten beginnt, zumal S. M. seine
Nase in alles steckt – was sich in Diplomatenkreisen schnell herumspricht
und das Vertrauen zu den deutschen Vertretern im Ausland nicht gerade
hebt. Man weiß ja nie, ob Verhandlungen mit ihnen nicht vom Kaiser
desavouiert werden. Bekanntlich wurde der Rückversicherungsvertrag
mit Rußland 1890 nicht erneuert und damit die ersten Pfeiler in Ost und

West aufgestellt zu dem hohen Brückenbogen über Deutschland hinweg: Frankreich finanziert dem Zarenreich Aufrüstung und Wirtschaftsaufbau. Die Ansichten der Historiker über Bismarcks Politik und die seiner Erben gehen allerdings auseinander, wie ja überhaupt der Streit der Experten noch nicht ausgestanden ist, weder über ein einzelnes Ereignis noch die gesamte Politik des zweiten deutschen Kaiserreichs. Caprivi tritt sein Amt «als Soldat und brav» an, bereit, auch auf dem Schlachtfeld der Politik zu fallen. 1894 ereilt ihn dieses Schicksal. Ironischerweise sind jetzt die Rollen vertauscht. Diesmal ist Wilhelm der Reaktionär, der ein scharfes Gesetz gegen revolutionäre Umtriebe fordert. Der Kanzler hält die «Umsturzvorlage» [60] für falsch, ja für gefährlich. Er bittet um seinen Abschied. S. M. befiehlt ihm, das Rücktrittsgesuch zurückzuziehen. Caprivi gehorcht. Drei Tage später ist er entlassen.

Auch dem dritten Kanzler, dem Fürsten zu Hohenlohe-Schillingsfürst [61], gelingt es nicht, die «Umsturzvorlage» durchzubringen. Die Ausschüsse des Zentrums und der Konservativen haben die eigentlichen Schutzmaßnahmen lapidar behandelt, dafür Bestimmungen gegen die Geistesfreiheit eingebracht, zur Entrüstung der Liberalen und Sozialde-

Die Reichskanzlei in Berlin, Wilhelmstraße 77

Leo Graf von Caprivi

mokraten. Wilhelm II. erwägt schon einen Staatsstreich, den der Kanzler für unmöglich hält. Als Hohenlohe seinem Herrn am 11. Mai 1895 telegrafisch mitteilen muß, daß der Reichstag die «Umsturzvorlage» mit überwältigender Mehrheit abgelehnt hat, erhält er postwendend die Antwort: *Besten Dank für Meldung. Es bleiben uns somit noch die Feuerspritzen für gewöhnlich, und die Kartätschen für die letzte Instanz übrig! Wilhelm I. R.* – Unter den zahlreichen Einweihungen ragen in diesem Jahr die des Kaiser-Wilhelm-Kanals und der Kaiser-Wilhelm-Gedächtniskirche in Berlin (deren Bauzeichnung er korrigierend überprüft hat[62]) hervor; bei letzterer wurde, just während der Ankunft der hohen Gäste, das Glockengeläut von Löwengebrüll und Wolfsgeheul aus dem nahe gelegenen Zoo fast übertönt.

Im Dezember 1895 überfällt der Abenteurer Jameson (heimlich von Cecil Rhodes unterstützt) mit einer Freischar die Burenrepublik Südafrikas, scheitert aber nach kurzen Anfangserfolgen. Alle Deutschen sympathisieren mit den Buren. S. M. will, als die Lage noch kritisch ist, Hilfstruppen abkommandieren, was ihm ausgeredet wird. Dafür wird im Auswärtigen Amt ein Text fabriziert, der, mit handschriftlichen Verbesserungen des Kaisers, als die «Krügerdepesche» berühmt geworden ist. Der Glückwunsch an den Präsidenten der Burenrepublik Ohm Krüger ruft in England einen Sturm der Entrüstung hervor, und Wilhelm entschuldigt sich schriftlich bei seiner Großmutter. In Deutschland ist man zufrieden mit seinem Kaiser. Böse wird man, als er 1900 weder den alten Präsidenten Krüger noch dessen Generale in Audienz empfängt.

Fürst Hohenlohe-Schillingsfürst

Im Jahre 1894 platzt am Berliner Hof ein Bömbchen, das aus dem Land der chronique scandaleuse stammt und dessen Splitter im Bereich der Politik landen. Seit zwei Jahren wurden vor allem Damen, aber auch einige männliche Hofchargen in peinigende Unruhe versetzt durch anonyme Briefe mit Enthüllungen erotischer Beziehungen, sexueller Exzesse nebst ironischen Kommentaren, geschmückt mit pornographischen Bildern, auf deren nackten Figuren die Köpfe der werten «Beteiligten» montiert waren. Zeremonienmeister von Schrader «entlarvt» den Täter: seinen Kollegen von Kotze, einen fanatischen Verehrer des Kaisers, der so manches Hoffest durch Zuschüsse aus seinem Privatvermögen verschönert. Ein Byzantiner erster Klasse, der, einmal gefragt, warum er eine so betont grüne Krawatte trage, antwortet: «Majestät sind doch heute auf Jagd.» Ein Löschblatt mit den seitenverkehrten Zügen seiner Handschrift ist das einzige Indiz, das sich prompt als Niete erweist. Es würde zu weit führen, diese Skandalgeschichte mit ihren Prozessen und Duellen (Kotze erschoß Schrader) zu erzählen. In bezug auf Wilhelm ist hervorzuheben, daß er den Mann, den er als Spaßmacher liebte – und dessen Frau er noch mehr geliebt haben soll –, ohne Überprüfung und ohne die Justiz zu bemühen verhaften läßt. Dies ist Kaiser Wilhelms einzig nachweisbare autokratische Direktmaßnahme gegen eine Person, im Vergleich zur Ermordung des Herzogs von Enghien Napoleons ein minimales «Verbrechen». Nach dem Freispruch Kotzes läßt der Kaiser ein riesengroßes Osterei durch einen Flügeladjutanten in der Villa des Ehepaars abgeben, das den Hof trotz wiederholter Einladung nicht mehr betritt. Was offiziell nicht zugegeben wird: der Briefschreiber ist Prinz Holstein, der sich am Kaiser, seinem Verwandten, für viele Foppereien auf diese Weise rächt.

1897 ist das Jahr der großen Orient-Reise: Seine Majestät der deutsche Kaiser mit Gemahlin und pompösem Gefolge als Großtouristen, denn das expeditionsartige Unternehmen wird von der Firma Cook organisiert. Der Empfang in Jerusalem berauscht Wilhelm II. so, daß er an den Zaren schreibt, so sei noch nie ein christlicher Monarch – für den ungebildeten Vetter setzt er extra in Klammern hinzu «Giaur» – in der heiligen Stadt empfangen worden und daran möchten sich seine Berliner mal ein Beispiel nehmen (der Temperamentsunterschied zwischen einem Märker und einem Araber scheint ihm nicht aufgefallen zu sein). Rhetorisch tritt S. M. auf dieser Pilgerfahrt, auf der er nebenbei als Aquisiteur für die deutsche Wirtschaft tätig ist – im Geiste sieht er bereits «seine» Bagdad-Bahn[63] fahren –, mit seiner Tischrede am 8. November in Damaskus

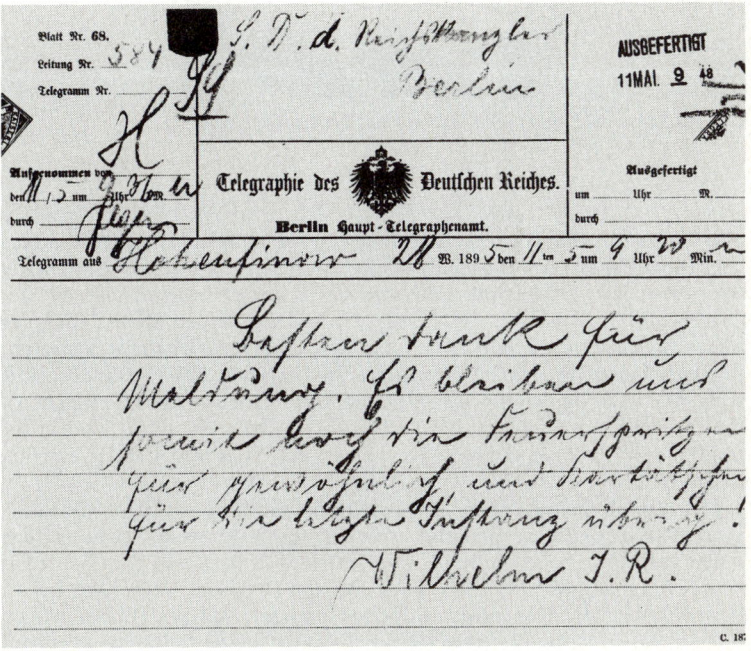

Telegramm an den Kanzler Hohenlohe, vom 11. Mai 1895

*Mit der Kaiserin Auguste Viktoria bei der Einweihungsfeier
der Kaiser-Wilhelm-Gedächtniskirche in Berlin*

wieder ins internationale Fettnäpfchen, wenn er dem Sultan Abdul Hamid für seine Gastfreundschaft dankt: *Möge der Sultan und mögen 300 Millionen Mohammedaner, die, auf der Erde zerstreut lebend, in ihm ihren Kalifen verehren, dessen versichert sein, daß zu allen Zeiten der deutsche Kaiser ihr Freund sein wird.*[64] Das sagt der christliche Monarch, der sich fast schmeichlerisch um die Freundschaft des Papstes bemüht (um sich auch bei seinen katholischen Untertanen beliebt zu machen), der mehr als einmal betont hat, nur ein guter Christ könne auch ein guter Soldat sein und der aus den Deutschen ein Volk von Betern machen möchte.

Die letzten Kriege des ausgehenden Jahrhunderts berühren Deutschland nicht direkt: Griechenland – Türkei (1897), Amerika – Spanien (das Kuba verliert; 1898), Italien – Abessinien, das nach dem Sieg bei Adua seine Unabhängigkeit erhält (1898). Der 1899 beginnende Burenkrieg, in dem England die Konzentrationslager erfindet, soll für Wilhelm noch Folgen haben. Das Wettrennen um Kolonien wird hektisch: Rußland erwirbt Port Arthur, die USA Hawaii, England Weihaiwei und setzt sich in Ägypten fest, kommt wegen Faschoda in schweren Konflikt mit Frankreich. Deutschland zwingt (nach der Besetzung der Bucht von Kiautschou) China, das Gebiet der Halbinsel Tsingtau für 99 Jahre zu verpachten, erwirbt 1899 Samoa (durch Kauf) und die Karolinen und beginnt, nach Einbringung des Flottengesetzes 1889, mit dem Bau von Panzerschiffen. Über die Samoa-Frage kommt es zwischen Deutschland, England und den USA zu einer Regelung; der Dreibund zwischen Deutschland, Österreich und Italien wird stillschweigend verlängert; in Frankreich wütet der Dreyfus-Prozeß und spaltet die Nation in zwei Parteien (Höhepunkt die Verhandlung gegen Zola nach dessen Fanal «J'accuse»). Der Hottentottenaufstand in Südwestafrika wird vorerst niedergeschlagen, bei der Eröffnung des Stettiner Hafens (1898) prägt Wilhelm II. das Wort: *Unsere Zukunft liegt auf dem Wasser*, in das aber die tastenden Bündnisangebote Englands fallen – auch die Direktverhandlungen zwischen dem Kaiser, Bülow (dessen Wort vom «Platz an der Sonne» berühmt wird) und Joseph Chamberlain in London führen zu nichts. Kulturell herrscht das fin de siècle; nach der Münchener Zeitschrift «Jugend» wird der neue Zeitstil benannt; kurz nach seinem Tod erscheinen Bismarcks «Gedanken und Erinnerungen» in dem gleichen Monat, in dem Theodor Fontane stirbt; der Schwiegersohn Richard Wagners, Houston Stuart Chamberlain veröffentlicht die «Grundlagen des 19. Jahrhunderts» [65]. Das Ereignis aber, mit dem das Jahrhundert sich hätte krönen können, die erste Friedenskonferenz der Welt im Haag, eröffnet nur den Reigen der infamen, heuchlerischen Verständigungstreffen über Abrüstung, auf denen auch in unserer Zeit die Politiker sich gegenseitig betrügen und die Menschheit um jede Hoffnung auf Frieden bringen. Man hat es Wilhelm II. sehr verübelt, daß er die Konferenz verspottet. Aber er spricht aus, was die anderen nur aus Klugheit verschweigen, vor allem der Zar, von dem die Einladung ausgeht. Vorgeblich will er ein größeres Friedenswerk zustande bringen als sein Vorgänger Alexander I. mit seiner «Heiligen Allianz»; in Wirklichkeit ist ihm die Idee von seinen klugen Ratgebern eingeflüstert worden, weil Rußland beim beginnenden Wettrüsten der Nationen ins Hintertreffen zu geraten droht.

In der letzten Nummer des Jahrgangs 1898 bittet die «Berliner Illustrirte» ihre Leser, in einem Fragebogen, mit der Beantwortung von 27 Fragen, eine «Bilanz des Jahrhunderts» zu ziehen. Das Ergebnis dieser Enquete, der ersten nicht zweckgebundenen, nicht der Marktforschung dienenden demoskopischen Befragung, ergibt eine «überraschende Übereinstimmung» unter etwa 6000 Antworten, «die aus allen sozialen Gesellschaftsklassen, von allen Altersklassen und von beiden Geschlechtern herrühren». Als das einflußreichste Buch wird nahezu einstimmig das Konversationslexikon genannt (!), dann erst kommt die Bibel, anschließend Darwins «Entstehung der Arten», Bebels «Frau und der Sozialismus», aber auch Neuerscheinungen wie Bismarcks «Gedanken und Erinnerungen» und Bertha von Suttners «Die Waffen nieder». Einstimmig wird Bismarck als die bedeutendste Persönlichkeit und selbstver-

Wilhelm II. im Zeltlager vor Jerusalem, am 31. Oktober 1898

ständlich auch als der größte Staatsmann genannt; Held des Jahrhunderts ist für die Berliner Kaiser Wilhelm I. Der größte Erfinder: Edison. Der größte Dichter: Goethe. Der größte Maler: Menzel; der größte Bildhauer: Reinhold Begas (Schöpfer der «Siegesallee»)[66]. Der größte Musiker: Richard Wagner; der größte Denker – kein Philosoph, weder Schopenhauer noch Hegel, sondern Generalfeldmarschall Helmuth von Moltke. Die Eisenbahnen werden als wohltätigste Erfindung, als die glücklichste Periode die Zeit nach dem Krieg 1870/71 bis zur Gegenwart bezeichnet (mit Einschränkung: ein Großteil der Leser plädiert nur für das erste Jahrzehnt nach dem siegreichen Krieg). Als das größte historische Ereignis gilt den meisten die Einigung und Wiederaufrichtung des deutschen Reiches; die deutsche Revolution von 1848 erhält etwas mehr Stimmen als der Jahrhundertmann Napoleon. Ein einziger Einsender hält die Palästina-Reise Kaiser Wilhelms II. für das größte historische Ereignis im 19. Jahrhundert.

Hätte Wilhelm II. das im Jahr seines Regierungsantritts erschienene Werk Nietzsches «Wille zur Macht» gelesen, er hätte es vermutlich ebenso mißverstanden wie später andere nach ihm, die schlimmer waren als er. Sein Souffleur ist, wie erwähnt, Chamberlain, durch den er auf die fixe Idee kommt, die Edelrasse der Menschheit, in erster Linie also die Germanen, zu einem heiligen Kreuzzug aufzurufen gegen die Horden eines imaginären Dschingis-Khan. Ausgerechnet Buddha wählt er sich als symbolische Zielscheibe auf seiner Propaganda-Zeichnung (die Professor Knackfuß nach seinem Entwurf verfertigt): *Völker Europas, wah-*

ret eure heiligen Güter! Das Original schickt S. M. als Geschenk nach St. Petersburg, wo es Kopfschütteln erregt. Drucke hängen auf allerhöchsten Befehl in zahlreichen Amtsstuben und Schulklassen. Es ist ein optisches Psychogramm des Kaisers, seines «Siegfried in ihm».

Der Größenwahn der weißen Rasse, ihr gehöre die Welt, führte nicht nur zur Kolonialisierung der sogenannten «herrenlosen Länder» in Afrika und den Inseln im Pazifik, sondern machte auch vor uralten Kulturreichen nicht halt. Christliche Missionare und Geschäftsleute setzten sich in China fest. Bahnen wurden gebaut, Industrieanlagen errichtet. Rikschakulis und Dschunkenführer wurden arbeitslos. In den hungernden Massen fand der Geheimbund «K'üan-fei» («Faust-Rebellen», eine Gewaltorganisation ähnlich der heutigen «Black Power» in den USA) Anhänger für eine Rebellion. Getragen von der «I-ho-t'uan» (Vereinigung für Recht und Eintracht) brach im Sommer 1900 der «Boxer-Aufstand», unterstützt von der Kaiserin Tse-hi, gegen die Fremdlinge aus. Die von den Ausländern gebauten Eisenbahnen wurden zerstört, Konsulate gestürmt und der deutsche Gesandte von Ketteler am 20. Juni in den Straßen Pekings ermordet. Unerklärlicherweise traf die Nachricht bereits zwei Tage v o r dem Attentat in Berlin ein.

«Völker Europas, wahret eure heiligen Güter!»
Nach einem Entwurf des Kaisers ausgeführt von Prof. H. Knackfuß

Wilhelm II. reagiert wie ein Wahnsinniger. Er kann in diesen Tagen nicht normal gewesen sein. Er will einen Rachefeldzug entfesseln, wie ihn die Welt noch nicht gesehen hat. «Schon am 19. Juni» (noch vor der Bestätigung des Mordes, die erst am 2. Juli eintrifft) «telegrafierte er aus Oldenburg an Mülow: *Peking muß regelrecht angegriffen und dem Erdboden gleichgemacht werden . . . Ich werde eventuell den Obergeneral gern stellen . . . Der deutsche Gesandte wird durch meine Truppen gerächt. Peking muß rasiert werden.*» Alle betroffenen Nationen (Amerikaner, Engländer, Franzosen und Russen) stellen, wie Deutschland, ein Expeditionskorps. Der Kaiser ernennt Graf Waldersee zum Feldmarschall und, angeblich auf Wunsch des Zaren (was dieser dementiert), zum Oberkommandierenden der vereinigten Streitkräfte. Auf dem Torpedo-Exerzierplatz in Wilhelmshaven verabschiedet der Kaiser ein in Khakianzügen angetretenes Truppenkontingent mit einer Ansprache, die sich noch in Grenzen hält. Er will nur die deutschen Fahnen auf Pekings Mauern aufpflanzen und China den Frieden diktieren, mahnt seine Männer, die ja für die Zivilisation fechten, die über ihnen wehenden Fahnen, die zum erstenmal ins Feuer gehen, *rein und fleckenlos und ohne Makel* zurückzubringen. Ein Satz fällt auf: *Mitten im tiefsten Frieden, für Mich leider nicht unerwartet, ist die Brandfackel des Krieges geschleudert worden.* Er wird ihn später wörtlich wiederholen – freilich ohne den Zwischensatz, den auszusprechen er 1914 weit mehr Grund gehabt hätte. – Am 6. Juli tobt er an Bord des Flaggschiffs «Kurfürst Friedrich Wilhelm»: *Ich werde nicht ruhen, bis China niedergeworfen ist und alle Bluttaten gerächt sind.* Und am 27. Juli geht es in Bremerhaven mit ihm durch. In Anwesenheit der Kaiserin, des Reichskanzlers Fürst Hohenlohe, des Staatssekretärs Graf Bülow, des Kriegsministers von Cossler, mehrerer Prinzen und Generale fallen jene Unglückssätze, die im Ausland nicht nur ihm, sondern dem ganzen deutschen Volk mehr geschadet haben als alles, was er sonst gesagt. Bei Bülow heißt es darüber: «Die Rede sollte unterdrückt werden, ein Journalist hatte sie mitstenographiert. Fürst Hohenlohe beim Anhören versteinert. Es gelang, die schlimmsten Passagen zu eliminieren. Als der Artikel erschien, war Wilhelm enttäuscht. *Sie haben mir ja das Schönste herausgestrichen![67]* Aber gerade das ‹Schönste› ging um die Welt, da ein Reporter einer kleinen Zeitung Wort für Wort mitstenographiert hatte und die Rede also» (in der internationalen Presse) «im Original publiziert wurde, bevor eine Kontrolle möglich war.» In der unfrisierten Fassung hat Kaiser Wilhelm II. gesagt: *Pardon wird nicht gegeben! Gefangene werden nicht gemacht! Wer euch in die Hände fällt, sei euch verfallen! Wie vor tausend Jahren die Hunnen unter ihrem König Etzel sich einen Namen gemacht . . . so möge der Name Deutscher in China auf tausend Jahre durch euch in einer Weise bestätigt werden, daß niemals wieder ein Chinese es wagt, einen Deutschen auch nur scheel anzusehen!* «Bei dieser Rede, die ich angehört habe, waren außer den Offizieren und Beamten nicht viele Menschen anwesend. Der Kaiser

«Pardon wird nicht gegeben». Aus einer Rede Wilhelms II. an die nach China abgehenden Truppen. Karikatur von Hermann Paul. Aus: «Le Cri de Paris», 5. August 1900

stand auf dem Podium, war äußerst aufgeregt, die Stimme klang scharf. Der Eindruck auf alle war sehr peinlich, und noch während der Ansprache rannten, von Bülow geschickt, die Geheimräte herum, die Verbreitung zu verhindern. Natürlich waren die Worte am nächsten Tag auf der ganzen Erde zu lesen», erinnert sich Bernhard Guttmann in «Schattenriß einer Generation». Von nun an sind die Deutschen für die Welt «Hunnen», und der Kaiser wird als Fürst der Barbaren und als Schlächter tausendfach karikiert. Das eine Wort von König Etzel, seinem Mund im Übereifer entflohen, wird zum Bumerang, der achtzehn Jahre später, ins Gigantische vergrößert, auf ihn zurückfallen und dann lauten wird: «Hängt den Kaiser!» Im Sommer des ersten Jahres unseres Säkulums sind an Wilhelm tatsächlich die flackernden Züge eines Weltbrandstifters zu beobachten. In seiner berühmten Seepredigt gibt es Passagen, die an seinem Verstand zweifeln lassen: *Ein heißes blutiges Ringen hat begonnen . . . Wer will des Reiches Hüter sein? . . Wohlan denn: drüben in der Ferne die Scharen der Kämpfer, hier in der Heimat die Scharen der Beter, das sei das heilige Schlachtenbild unserer Tage . . . Wehe uns, wenn wir hinter den Schranken dem großen Schauspiel nur ruhig zusähen, während sie ringen in heißem Todeskampf? Wie wird es sie stärken, begeistern, entflammen, der Gedanke: Tausende, nein Millionen daheim tragen uns auf betendem Herzen . . . Die Weltgeschichte wird einst die Kämpfe beschreiben . . .* Um was es wirklich geht in diesem Feldzug – in Wilhelms Augen ein «gewaltiger Krieg» – bekennt Helmuth von Moltke: «Wenn wir ganz ehrlich sein wollen, so ist es Geldgier, die uns bewogen hat, den großen chinesischen Kuchen anzuschneiden. Wir wollen Geld verdienen, Bahnen bauen, Bergwerke in Betrieb setzen . . . Darin sind wir keinen Deut besser als die Engländer in Transvaal.»[68] Zu Wilhelms Leidwesen kommen die deutschen Kämpfer zu spät. «Unter Pauken- und Trompetenklang schiffte sich sehr bald der Feld- oder Weltmarschall, wie man den Grafen Waldersee nannte, mit seinem riesigen Stab und sonstigen Gefolge nach China ein. Aber kaum war er abgefahren, als sämtliche in China beteiligten Mächte durch eine Kollektivnote der russischen Regierung aufgefordert wurden, ihre Truppen von Peking und den benachbarten Provinzen an die Küste zurückzuziehen, da die fremden Gesandtschaften ja bereits befreit seien und keine Gefahr für die Ausländer mehr vorliege. Diese Kollektivnote war nach all den tönenden Reden Wilhelms II. vielleicht eine der größten diplomatischen Demütigungen, die eine Großmacht in Friedenszeiten je erfahren hat. Das ganze Ausland lachte und machte sich lustig», schreibt der deutsche Diplomat Freiherr von Eckardstein.[69] Lächerlichkeit kann tödlich sein. Hat sie Wilhelms Cäsarengelüste umgebracht? Zumindest seine Eitelkeit wird die Blamage tief getroffen haben, wenn er sich äußerlich auch nichts anmerken läßt und ganz im alten Selbstherrscherstil gegen die ostelbischen Agrarier wettert, die sein Lieblingsprojekt, den Mittellandkanal, torpedieren wollen; selbst hohe Staatsbeamte sind zur Empörung von S. M. gegen diese Regierungsvorlage: *Wenn die Hunde wagen sollten, aus irgendeinem Anlaß noch gegen Mich zu sein . . . so fliegen mehrere Köpfe, so wahr ich hier stehe.*

Während der gekrönte Wilhelm an der Küste in die Kriegsfanfare stößt, wird ein ungekrönter Namensvetter von ihm in Berlin zu Grabe getragen, wie «noch kein König zu Grabe getragen wurde» (Friedrich Naumann). Wilhelm Liebknechts Begräbnis bringt mehr Menschen auf die Beine als der Stralauer Fischzug oder jede Kaiserparade. Hunderttausende geben dem Sozialistenführer das Geleit. Fünfeinhalb Stunden dauert an diesem heißen Augustsonntag der Marsch durch die Straßen, hinter dem Sarg August Bebel und der neunundzwanzigjährige Sohn des Toten, Karl Liebknecht. Ohne Marschmusik, ohne Pomp, aber auch ohne jede Agitation wirkt «ganz allein die Menschenmasse durch ihre stumme Teilnahme»[70] wie ein großes Bekenntnis. Im Vestibül des Reichstags schütteln sich der Industrielle Freiherr von Stumm und der Junker Dr. Ernst von Heydebrand die Hände: ein mißliebiger Abgeordneter, ein Stänkerer weniger! Und S. M. äußerte wenige Monate zuvor: *Ich halte die Sozialdemokratie für eine vorübergehende Erscheinung. Sie wird sich austoben.*[71]

AUF DAS FALSCHE PFERD GESETZT

> «Was der Mensch widerstrebend tut, kann
> genau so daneben gehen wie das, was er
> partout will.»
>
> Mark Twain

Bismarck hat es mit zwei Worten gesagt: «Kein Augenmaß!» Der Umgang mit dem Kaiser gestaltet sich darum so schwierig, weil niemand voraussehen kann, ob S. M. gerade die Vergrößerungs- oder Verkleinerungsbrille aufhat. Meist verschwimmt ihm das Bild der Wirklichkeit, dann wieder erkennt er einzelnes überscharf. Er nimmt alles gleich «wichtig», wie ein Kind, das noch kein Unterscheidungsvermögen besitzt. Im bayrischen Landtag haben zwei Minister eine parlamentsübliche kleine Plänkelei um eine Nuance in der Heeresvorlage. Der Kaiser resümiert darüber in einem Klartexttelegramm an den Kanzler: *Die Hundebande von Zentrum ist bestrebt, die Fundamente der Disziplin des Heeres und damit der Hohenzollernmonarchie zu unterwühlen.*[72] Hofprediger Schoen wird eines Nachts geweckt: Eiltelegramm aus dem Königlichen Schloß. Im Glauben, es handle sich, nach der Gewohnheit von S. M., Predigttexte vorzuschreiben, um einen dienstlichen Auftrag, öffnet er es. Und was liest er? *Rate dringend, meinem Patenjungen möglichst viel Mehlpamps zu geben! I. R.*[73] Ein menschlich rührendes Zeugnis: Das Söhnchen des Hofpredigers, des Kaisers Patenkind, hatte den Hals seines Milchfläschchens verschluckt. – Hofmarschall Zedlitz-Trützschler muß dringende Entscheidungen von Wilhelm II. haben. Er hat ein Bündel Fragen: Wünsche der Kaiserin, wichtige Anfragen vom Kanzleramt, vom Landwirtschaftsminister usw. Den ganzen Tag gelingt es ihm aber nicht, «an den Kaiser heranzukommen», der gemerkt hat, daß man ihm «mit Fragen kommen würde». Erst auf dem Weg zum Schlafzimmer stellt ihn der Graf. Unwirsch sagt S. M. zu ihm: «*Sie drangsalieren mich schon den ganzen Tag, jetzt wünsche ich aber keine Fragen mehr.* Ich sagte: ‹Zu Befehl, Eure Majestät.› Darauf setzte der Kaiser seinen Weg fort, ich blieb ruhig neben ihm, richtete noch drei Fragen an ihn, worauf ich ebenfalls Antwort erhielt, dann blieb er wieder stehen: *Ich habe Ihnen schon einmal gesagt, daß ich heute nicht mehr behelligt werden will. Jetzt verlassen Sie mich auf der Stelle.* Wiederum antwortete ich: ‹Zu Befehl, Eure Majestät.› Begleitete aber ungeachtet auch dessen den Kaiser immer noch weiter, richtete noch drei Fragen an ihn, erhielt auch wiederum die entsprechende Entscheidung. Da war er an seiner Tür, öffnete, jetzt ging ein Lächeln über sein Gesicht, und im nächsten Augenblick schlug er vor mir mit aller Gewalt die Tür zu, so daß ich nun allerdings meine letzte Frage an jenem Abend nicht mehr beantwortet erhielt.»[74] – Beim Empfang von Mitgliedern des Kongresses zur Bekämpfung der Tuberkulose erklärt Wilhelm: *Seife ist die Hauptsache, nur Seife!*[75] – Den Grafen Zeppelin, den er spöttisch immer den Dümmsten aller Süddeutschen nannte, wird nach seinem Erfolg für ihn *der größte Deutsche des Jahrhunderts*. Läppische Geschichten? Leider! Vergebens sucht der Chronist nach großen Taten des Kaisers. Bismarcks Entlassung war seine einzige geschichtswendende Handlung. Was Wilhelm II. sonst verursacht hat, geschah weniger aus eigener Initiative als vielmehr durch seine Existenz, sein Vorhandensein auf diesem Platz. Noch eines hat der Griffel der Geschichte von ihm aufgezeichnet, auch das, genaugenommen, keine einzelne Aktion – wenn man will: eine Untat, sozusagen eine chronische Krankheit: seine unheilbare Marineleidenschaft.

Zunächst hat Wilhelm II. wieder den Kanzler gewechselt. Hohenlohe übergibt, einundachtzigjährig, sein Amt an seinen bisherigen Staatssekretär des Äußeren, Bernhard von Bülow, der schon seit langem von seinem Freund, dem Grafen, inzwischen Fürsten, Eulenburg, für diesen Posten präpariert und im Oktober 1900 auf ihn lanciert wird. Bülows Schmeicheleien schluckt Wilhelm wie Honig. Beim Vortrag vor dem Kaiser, hört der Kanzler geduldig an, was sein Herr zu sagen hat (meist nicht wenig) und antwortet, selbst wenn S. M. Unsinn geredet hat: «Wie Eure Majestät sehr richtig bemerkten . . .» – um oft ganz anders zu entscheiden, als von Wilhelm gewollt, ohne daß dieser es merkt. Dafür schwärmt der Monarch auch von seinem neuen Kanzler: *Bülow soll mein Bismarck werden*, sagte er schon über ihn als Außenminister. Jetzt heißt es: *Bernhard – Prachtkerl!* Neun Jahre später wird Wilhelm II. über eine Stelle im Tiergarten in bezug auf Bülow sagen: *Hier habe ich das Luder weggejagt!* Zu Beginn des Jahrhunderts aber ist zwischen ihnen noch «alles in Butter».

Am 22. Januar 1901 stirbt, zweiundachtzigjährig, Victoria, seit 64 Jahren Königin von Großbritannien, nach des Kaisers Angabe in seinen Armen. Das Leichenbegängnis macht tiefen Eindruck auf ihn. Durch sein Verhalten erntet er Sympathien in England. Beim Abschiedsfrühstück am 5. Februar sagt er zum neuen König, seinem Onkel Edward V.: *Wir sollten ein englisch-deutsches Bündnis schließen, bei dem ihr die Meere bewacht, während wir für das Land verantwortlich sein würden; bei einem solchen Bündnis könnte sich in Europa keine Maus mehr regen ohne unsere Erlaubnis, und die Völker würden schließlich die Notwendigkeit einsehen, ihre Rüstung zu beschränken.* Da bei dieser internen Zusammenkunft kein offizieller Berichterstatter anwesend ist, erscheint am anderen Tag ein nichtssagender Hofbericht ohne sein improvisiertes Angebot (wieder eine Privatäußerung, von der man in Berlin nichts weiß). Wilhelm erblickt darin Absicht, indirekte Absage, empfindet es als kalte Dusche auf seine warmen Worte. Die Folge ist erneute Abkühlung des Verhältnisses zwischen den verwandten Monarchen. Als ihm aber Edward bei einem nächsten Treffen erklärt, in Indien herrsche Hungersnot, das wäre eine Gelegenheit, Freundschaftsbeteuerungen unter Beweis zu stellen, läßt der Kaiser, kaum wieder in Berlin, die Bankiers rufen – und Deutschland stiftet eine Million Goldmark zur Bekämpfung des Elends in Indien. Am 6. März 1901 bei einem Besuch in Bremen, auf der

Fahrt vom Ratskeller zum Bahnhof, schleudert der neunzehnjährige Schlosser Dietrich Weiland ein Eisenstück nach dem kaiserlichen Wagen, das den Monarchen an der Wange trifft; beinahe wäre es ins Auge gegangen. Wilhelm blutet heftig, bewahrt aber Fassung und schickt sofort von Berlin ein beruhigendes Telegramm an den Ersten Bürgermeister in Bremen, daß er dem Vorfall keine Bedeutung beimesse. Einem ernsten Attentat ist Wilhelm II. nie ausgesetzt gewesen. In Breslau warf 1900 eine Geistesgestörte ein Beil nach ihm. Damals erhielt Freund Eulenburg auf sein devotes Beileidstelegramm die Antwort: *Die Sache war übrigens nicht von ernster Bedeutung. Nur bin ich überzeugt, daß, wenn an Stelle eines alten, blödsinnigen Weibes ein junges Mädchen nach mir geworfen hätte, diese dazu Blumen gewählt haben würde. Wilhelm I. R.*[76]

Im August steht Wilhelm abermals an einem Totenbett: seine Mutter erliegt ihrem Krebsleiden. Zwölf Stunden harrt er bei der Sterbenden aus. Ihren exzentrischen testamentarischen Wunsch, in einem englischen Sarg, nackt in den Union-Jack gehüllt, begraben zu werden, kann ihr Sohn nicht erfüllen, da Viktoria ja deutsche Kaiserin war. Er findet einen Kompromiß: Erst spricht ein britischer Geistlicher über dem Sarg aus London (in dem der bekleidete Leichnam liegt) seinen Totensegen. Dann kommt der geschlossene Sarg in einen größeren aus Berlin. Vor ihm findet die preußisch-evangelische Feier statt.

Am 26. August wird das in der Nähe der preußischen Grenze gelegene polnische Wystyten durch eine Feuersbrunst fast vollständig zerstört. Am 23. September erscheint frühmorgens in dem verwüsteten Ort, dessen 2300 Einwohner zum großen Teil obdachlos geworden sind, ein russischer General. Schimpfend und schlagend treibt der Polizeimeister die Bevölkerung auf den Marktplatz. Vor 200 Bauern, Feldarbeitern, Juden und weinenden Weibern hält der fremde General eine schwungvolle Rede, von der die Polen nur die russisch gesprochenen Schlußworte verstehen: «Na sdrowje jewo welitschestwo gossudraje Imperatore Nikolai! Hurrah!» [Es lebe unser gnädiger Herrscher Kaiser Nikolaus!] Im übrigen hat der General ihnen mitgeteilt, daß ihr erhabener Landesherr, sein geliebter Freund, ihnen aus herzlichem Mitgefühl und als Zeichen seiner landesväterlichen Fürsorge 5000 Rubel zur Verteilung in der Gemeinschaft überreichen lasse. Als die Kalvakade abgeritten ist, fragen die Juden nach dem Namen ihres Wohltäters und erfahren zu ihrem Erstaunen, daß es der deutsche Kaiser war. Bülow schildert diesen «apokalyptischen Ritt» nach einem Brief von Eulenburg, der drei Motive für diesen Abstecher aus Rominten vermutet: ein abgebranntes Dorf zu sehen und mal wieder die russische Generaluniform zu tragen, haben Wilhelms echtem Wunsch, zu helfen, die Schwungkraft gegeben, ihn auszuführen.[77]

Ein Dauerspruch in des Kaisers Umgebung lautet: «Majestät brauchen Sonne», und das galt für die reale wie die seelische Wetterlage. Tatsächlich scheint Wilhelm II. einen Vertrag mit Petrus zu haben; fast immer

Kaiserin Friedrich mit ihren Kindern, 1900. Von links nach rechts: Sophie, Viktoria, Kaiser Wilhelm, Charlotte, Heinrich, Margarethe

ist, wo er erscheint, der Himmel blau. «Kaiserwetter» oder «Hohenzollernwetter» ist denn auch sprichwörtlich geworden. Bei den Herbstmanövern 1901 setzt ausnahmsweise (am 19. September) ein Dauerregen ein. Was tut der Oberste Kriegsherr? Er befiehlt sofort, die Kampfhandlungen für einen Tag zu unterbrechen. Nichts beweist wohl besser, daß der Kaiser die Manöver als Spiel betrachtet. Moltke macht sich Gedanken darüber, welche «demoralisierende Wirkung die an und für sich menschenfreundliche Maßnahme doch haben könne», als ob «die Soldaten keinen Regen vertragen könnten», und daß «bei einem Ernstfall S. M. ein doch solch gewaltsames Eingreifen wohl kaum in Erwägung ziehen könne»[78]. Im Sommer 1903 wird Wilhelm heiser. Beim Sprechen rötet sich sein Gesicht. Es wird ein Halsleiden, das zu ernster Besorgnis Anlaß gibt. Düstere Schatten steigen auf. Alles denkt an das Schicksal seines Vaters.[79] Doch «die Ärzte sind sich in ihrer Auffassung über die Gutartigkeit . . . durchaus sicher». Wilhelm zeigt keine Unruhe. Er wird operiert, und die Gefahr ist vorüber. Unbelästigt kann der Kaiser sein gewohntes Leben weiterführen: im September in Danzig wieder ein Denkmal Wilhelms I. enthüllen, im November sich mit dem Zaren treffen, im Dezember den König von Dänemark in Berlin empfangen, und auch im nächsten Jahr das eingespielte Programm, wie gewohnt, erfüllen. Im Februar 1905 tragen sämtliche Hohenzollern den Maler Adolph von Menzel zu Grabe; danach gelüstet es S. M. nach einer Mittelmeerfahrt. «In Berliner Regie-

69

rungskreisen setzte aber im März 1905 ganz plötzlich auf Betreiben Holsteins eine Protestbewegung gegen das französische Vorgehen in Marokko ein. Die große Schlacht von Mukden war geschlagen, in welcher Rußland den Japanern unterlegen war, und auch die Revolution im russischen Reich trug dazu bei, das durch den Krieg im Fernen Osten bereits stark zur Ader gelassene zaristische Reich noch mehr zu schwächen und auf geraume Zeit militärisch lahmzulegen. Ich möchte betonen, daß der Gedanke, die zeitweilige militärische Ohnmacht Rußlands dazu zu benutzen, mit Frankreich endgültig abzurechnen, zunächst lediglich dem Gehirn Holsteins[80] entsprang. Leider gelang es ihm, den Reichskanzler sowie einige höhere Militärs und bekannte Publizisten, wie z. B. Prof. Theodor Schiemann, für seine Ideen zu gewinnen. Wer sich aber lange auf das Entschiedenste gegen diesen törichten und für die Zukunft so verhängnisvollen Plan sträubte, war der Kaiser.»[81] Er will Friedenskaiser sein und bleiben und erklärt: *Unsere Flotte wäre zerschlagen, unsere Kolonien verloren – und wofür und warum soll eigentlich ein solcher Krieg geführt werden?*[82] Wer zuerst auf den unseligen Gedanken der Landung in Tanger gekommen ist, darüber gibt es unterschiedliche Darstellungen. Richard von Kühlmann, deutscher Geschäftsträger in Tanger, will, als er von der geplanten Mittelmeerfahrt des Kaisers hörte, den Einfall gehabt und ihn sogar für gut gehalten haben. Er sendet einen Propagandaartikel an Bülow, der ihn zwar nicht veröffentlichen läßt, aber, nach Rücksprache mit Geheimrat Holstein, bei S. M. vorstellig wird, um ihn für den Plan zu gewinnen. Ganz anders steht es bei Zedlitz-Trützschler: «In Wirklichkeit ist diese nun politisch so aufgebauschte Affäre folgendermaßen entstanden. Der Kaiser äußerte dem Grafen Eulenburg gegenüber gelegentlich der Vorlegung des Planes für die Mittelmeerreise, daß er gern etwas in Marokko sehen würde und deshalb nahe Tanger an der Küste entlang fahren wolle. Der Graf Eulenburg fragte nun vorsichtigerweise den Reichskanzler Grafen Bülow, ob ein ‹Kreuzen› dicht an Tanger politisch bedenklich sei. Ich sah selbst, daß Graf Bülow schriftlich antwortete: ‹Nur ein Vorbeifahren dicht an Tanger habe nach seiner Ansicht kaum Bedenken.› Aus dieser Äußerung ging hervor, daß ihm bereits dieser Plan schon nicht ganz sympathisch war und daß er leise abraten wolle. Nach einigen Tagen aber sprach Majestät ganz ruhig von einem eventuellen kurzen ‹Landen› in Tanger, und nun hatte Graf Bülow doch nicht mehr die Nerven, um zu erklären, daß dies tatsächlich Schwierigkeiten in der politischen Lage hervorrufen könne.»[83] – Auf dem von seinem Freund Ballin, Direktor der HAPAG, gecharterten Dampfer «Hamburg» geht die Fahrt los. Aus Lissabon telegrafiert der Kaiser, nach Besprechung mit dem ihn begleitenden Vertreter des Auswärtigen Amtes, Freiherr von Schoen, an den Kanzler: *In Tanger bereits der Teufel los. Gestern fast ein Engländer ermordet. Ich halte die Sache dort für recht zweifelhaft.* Bülow drahtet zurück: «Wenn Eure Majestät erscheinen, umrauscht vom Jubel der Mohammedaner, gefeiert von allen nicht französischen Europäern, ohne von Franzosen

Notiz zu nehmen, ist Delcassé [der französische Außenminister] geliefert.» Maßgebend für Wilhelms Zögern mag vielleicht auch gewesen sein, daß Freund Eulenburg das Unternehmen zumindest für ein Abenteuer, wenn nicht für hellen Wahnsinn erklärt hat. Am 31. März 1905 nähert sich die «Hamburg» dem Hafen von Tanger, der für ihre Tonnage zu klein ist. Man ankert vor der Reede, doch die See geht hoch, ein willkommener Grund, die Landung für unmöglich zu erklären. Da klettert Herr von Kühlmann, in Paradeuniform als Hamburger Ulan, mit hohen Lackstiefeln und Sporen, Säbel, Czapka mit wehendem Haarbusch, die Lotsenleiter hoch. Patschnaß, noch triefend, meldet er sich bei S. M. Kühlmann ist unmittelbar von Berlin instruiert worden; Bülow und Holstein wollen ihn persönlich haftbar machen, wenn die Landung nicht zustande kommt, die einige Herren in der Umgebung des Kaisers hintertreiben wollen. Wilhelm bleibt auch bei seiner Weigerung. Erst nach einer Generalprobe, von Adjutanten ausgeführt, und dem Hinweis, «daß die ganze arabische Welt auf ihn blicke», wagt Wilhelm II., das Boot zu besteigen. Er glaubt sich ernstlich in Lebensgefahr; er weiß: Tanger ist ein Anarchistennest. Außerdem hat er Angst vor dem fremden Pferd. Er ritt ja sonst «nur Pferde, die im Marstall für ihn von langer Hand fertiggemacht waren und deren vollkommene Ruhe beim Aufsteigen Zwischenfälle so gut wie unmöglich machte». Araberhengste jedoch pflegen nicht die zahmsten zu sein. Selbst dafür hat Kühlmann vorgesorgt: am Hafen und überall, wo S. M. möglicherweise aufsteigen würde, hat er hölzerne Treppenstufen aufstellen lassen. Trotzdem bäumt sich das Rassepferd, als der Kaiser aufsteigt, doch er bekommt es in die Gewalt. Dann geht der Ritt durch die schmalen Gassen, rechts und links flankiert von eingeborenen Soldaten, neben dem Pferd des Kaisers zu Fuß ein Zivilist, in schwarzem Mantel und Melone, die Hände in die Taschen vergraben. Es ist ein Witz: bei diesem provokatorischen Unternehmen, das nicht nur in Frankreich, sondern auch in England einen Entrüstungssturm erregt und schließlich Kriegsgefahr heraufbeschwört, wird der deutsche Kaiser vom britischen Geheimdienst beschützt. Der Agent, der als Gastwirt getarnt in Tanger lebt, ist fest entschlossen, jeden, der versuchen sollte, den Kordon der dunklen Lanzenmänner zu durchbrechen, rücksichtslos niederzuschießen. Der zweite Witz: die gefürchteten Anarchisten sind Spanier, also Franzosenhasser und schießen zwar – aber aus Freude und in die Luft.[84] Wilhelm erinnert sich: *Der Besuch fand unter großen Schwierigkeiten auf der Reede von Tanger statt – nicht ohne freundliche Beteiligung von italienischen und südfranzösischen Anarchisten, Gaunern und Abenteurern. Auf einem kleinen Platz stand eine Menge von Spaniern mit Fahnen und großem Geschrei; das waren nach Aussage eines begleitenden Sicherheitsbeamten die versammelten spanischen Anarchisten.*[85] Das vorgesehene Protokoll wird verkürzt, die dem Monarchen mitgegebene, vom Kanzler verfaßte Rede hält Wilhelm II. nicht. (Dennoch wird sie verbreitet.) Zwei Stunden später ist er wieder auf der «Hamburg». Und wozu diese Komödie? Um die Interessen der deutschen Wirtschaft zu wahren, praktisch also die der Firma Mannesmann? Dafür zwingt das Auswärtige Amt den obersten Kriegsherrn zu einem markigen Auftritt, zu dem er ausgerechnet diesmal keine Lust hat? Es geht, worum es in der Politik der ganzen Epoche fast immer ging: um Prestige. Die erste Marokko-Krise wird zum Beginn des «Kalten Krieges» (Delbrück nennt ihn «trockenen Krieg»), der schwelen wird, bis er als Vulkan ausbricht. «Ich fand in Paris alles drunter und drüber wegen des Besuches von Kaiser Wilhelm in Tanger, den die Franzosen als die größte Kühnheit betrachten, die Deutschland seit 1870 gegen Frankreich habe ersinnen können» [86], notiert die Fürstin Radziwill in einem Reisebericht. Es sieht tatsächlich nach Krieg aus. Da der Russe zur Zeit kein gefährlicher Gegner ist, arbeitet Feldmarschall Alfred Graf Schlieffen einen strategischen Plan für einen eventuellen Zweifrontenkrieg aus, der eine starke Offensive im Westen, mit einer Umfassungsschlacht nach dem Vorbild von Cannae, vorsieht. (Schlieffen stirbt ein Jahr bevor von seinem abenteuerlichen Plan, den die kaiserlichen Generalstäbler neun Jahre später noch für ein Allheilmittel halten, unseliger Gebrauch gemacht wird.)[87] Die Frankreich zugedachte diplomatische Niederlage wird zunächst erreicht, Außenminister Delcassé [88] gestürzt, was die deutschen Zeitungen als großen Sieg feiern. Auch Wilhelm II. blickt jetzt stolz in die Runde, erhebt Reichskanzler Bülow in den Fürstenstand, gibt aber lieber nach, als einen Krieg zu riskieren. In Algeciras wird 1906 der Kompromiß «Politik der offenen Tür» geschlossen, und der Sultan kunkelt weiter, mit wem es ihm gerade paßt, bis die zweite Marokko-Krise ausbricht. 1911 besetzen französische Truppen Fes. Während der Verhandlungen über diese Rechtsverletzung erscheint vor der marokkanischen Küste ein Kriegsschiff mit der Flagge Schwarz-Weiß-Rot, das Kanonenboot «Panther». Großes Geschrei in der Weltpresse über den deutschen «Panthersprung nach Agadir»! Diesmal ist es Staatssekretär Kiderlen-Wächter, der mit geballter Faust droht, bis er von Wilhelm zurückgepfiffen wird. Abermals endet die Aktion mit einem Kompromiß: Für die Schutzherrschaft über Marokko tritt Frankreich Gebiete im Kongo an Deutschland ab. In beiden Krisen steht der Kaiser unter doppeltem Beschuß. Die Alldeutschen jammern über «Schandflecke auf dem germanischen Ehrenschild» und werfen dem Obersten Kriegsherrn mangelnden Kampfgeist, kaum verschleiert sogar Feigheit vor, während sich im Ausland das Klischeebild vom «barbarischen Weltbedroher» festigt.

Das zweite Abenteuer im Jahre 1905 unternimmt Wilhelm II. freiwillig, ja, es ist einem einsamen Entschluß entsprungen. Er – der ständig zwischen London und St. Petersburg hin und her kreuzt, und das mehr noch als mit seiner Luxusjacht mit seinen Gefühlen – hat ein Vögelchen zwitschern hören: sein Onkel Edward, dem er traut wie einem über den Weg laufenden Skorpion, habe seinem bedauernswert naiven Vetter Nikolaus ein Agreement angeboten. Nun schmort seit Jahresfrist der Entwurf für eine Art Bündnisvertrag mit Rußland in der Reichskanzlei, weil Geheimrat Holstein ihn für gegenstandslos hält, in der festen Über-

Feierliche Einholung des Kaisers am 31. März 1905 in Tanger durch die Marokkaner. Rechts neben dem Kaiser ein Agent des britischen Geheimdienstes

zeugung, «Walfisch» und «Bär» könnten niemals eine Jagdgesellschaft bilden. Der Kaiser hat einen viel kühneren Plan. Ihm schwebt ein Schutz- und Trutzbündnis vor, das den Frieden der Welt sichern soll. In diesem Juli nimmt die Nordland-Reise eine für die Fahrtgenossen unerwartete Wendung. Die «Hohenzollern» ändert den Kurs und steuert in russische Gewässer. In der Bucht vor der kleinen Insel Björkö stößt sie «zufällig» auf den «Polarstern», die Privatjacht des Kaisers von Rußland. Die Wiedersehensfreude der Majestäten ist groß, sie nehmen das Frühstück auf dem russischen Schiff ein. Der kleine Zar ist traurig. In der See- schlacht von Tsushima hat Admiral Togo seine Flotte vernichtet, und

73

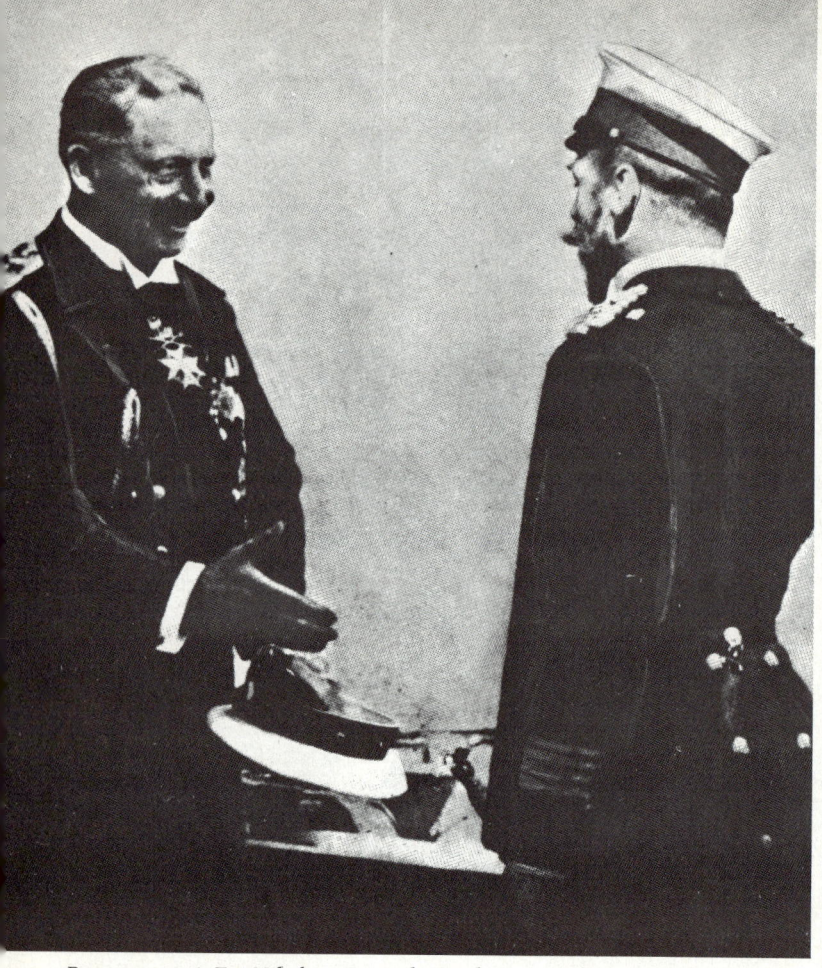

Begegnung mit Zar Nikolaus II. vor der Bucht von Björkö

nach dem verlorenen Japan-Krieg hat Nikolaus II. die Schrecknisse einer Revolution erleben müssen. Vom «Blutigen Sonntag» an, wo vor dem Winterpalais die Garde in die Massen schoß, rissen die Terrorszenen nicht ab. Vor drei Wochen noch meuterte die Besatzung des Panzerkreuzers «Potemkin». Willi spricht Nicki Trost zu, erwähnt nebenbei, er habe «zufällig» den Vertrag bei sich, den abzuschließen ihre Minister zu dumm seien. «‹Zeig ihn mir, bitte!› sagte der Zar. Dabei funkelten die träumerischen Augen in hellem Glanz», die des Kaisers nicht minder. Nie in seinem Leben ist Wilhelm II. so emphatisch wie in dieser Stunde.

Der Sieben-Seiten-Brief, den er am anderen Tag an Bülow schreibt, ist das Selbstzeugnis dieses Mannes:

Ich zog das Kouvert aus der Tasche, entfaltete das Blatt auf dem Schreibtisch Alexanders III. vor dem Bild der Kaiserinmutter inmitten einer Menge Photographien von Fredensborg und Kopenhagen, und legte es vor den Zaren hin. Er las es einmal, zweimal, dreimal. Ich betete ein Stoßgebet zum lieben Gott. Er möge jetzt bei uns sein und den jungen Herrscher lenken. Es war totenstill; nur das Meer rauschte, und die Sonne schien fröhlich und heiter in die trauliche Kabine, und gerade vor mir lag leuchtend weiß die «Hohenzollern» und hoch in den Lüften flatterte im Morgenwind die Kaiserstandarte auf ihr. Ich las gerade auf deren schwarzem Kreuz die Worte «Gott Mit Uns», da sagte des Zaren Stimme neben mir: «Das ist ganz ausgezeichnet. Ich stimme völlig zu». Mein Herz schlug so laut, daß ich es hörte; ich raffte mich zusammen und sagte so ganz nebenbei: «Möchtest Du es gern unterzeichnen? Es wäre ein sehr schönes Souvenir an unser Treffen.» Er überflog noch einmal das Blatt. Dann sagte er: «Ja, ich will.» Ich klappte das Tintenfaß auf, reichte ihm die Feder, und er schrieb mit fester Hand «Nikolaus», dann reichte er mir die Feder, ich unterschrieb, und als ich aufstand, schloß er mich gerührt in seine Arme und sagte: «Ich danke Gott, und ich danke Dir; es wird die wohltätigsten Folgen für mein Land und das Deine haben. Du bist Rußlands einziger wahrer Freund in der ganzen Welt, ich habe das während des ganzen Krieges gefühlt, und ich weiß es.» Mir stand das helle Wasser der Freude in den Augen – allerdings rieselte es mir auch von Stirn und Rücken herab – und ich dachte, Friedrich Wilhelm III., Königin Luise, Großpapa und Nikolaus I., die sind in dem Augenblick wohl nahe gewesen . . .

Als ich den Zaren darauf aufmerksam machte, es werde sich empfehlen, vielleicht noch zwei Gegenzeichnungen zu haben, das sei so Sitte bei dergleichen Instrumenten, stimmte er zu und wir befahlen sofort Tschirschky und Admiral Birilow[89] *herab. Beiden teilten wir das Faktum des Vertrages mit, und der alte Seemann faßte stumm meine Hand mit seinen beiden Händen und küßte sie ehrerbietig. So ist der Morgen des 24. Juli 1905 zu Björkö ein Wendepunkt in der Geschichte Europas geworden, dank der Gnade Gottes, und eine große Erleichterung der Lage für mein teures Vaterland, das endlich aus der scheußlichen Greifzange Gallien-Rußland befreit werden wird.*[90]

Nikolaus II. erzählt in St. Petersburg seinen Verwandten die Geschichte anders. Großfürst Alexander von Rußland gibt sie in seinen Memoiren so wieder: «Am 11. Juli 1905 lud Nikolaus II. den Deutschen Kaiser zum Frühstück an Bord der kaiserlichen Jacht ‹Nordstern› ein, die vor Björkö in Finnland ankerte. Vetter Wilhelm beschloß, das Angenehme mit dem Nützlichen zu verbinden, und brachte in der Tasche den ausführlichen Plan eines russisch-deutschen Bündnisses mit. Ein Blick auf das heikle Schriftstück genügte, um den Zaren abzuschrecken. *Es ist eine wirklich klug ausgedachte Sache, wenn du meine Meinung wissen willst, Nicki,* erläuterte der Kaiser. *Es wird ungemein segensreich wirken, nicht nur für unsere Länder, sondern auch für die übrige Welt.* – ‹Wirklich ein netter Plan›, gab sein Gastgeber höflich zu. *Willst du ihn unterschreiben, Nicki?* – ‹Vielleicht. Laß ihn mir hier. Ich werde ihn natürlich zuerst meinem Außenminister zeigen müssen.› – *Nun, Nicki,* begann der Kaiser, und der Zar ließ den Kopf hängen. Die Beredsamkeit Vetter Willis war wohl, aber nicht als wohlgefällig, auf der ganzen Welt bekannt. Nikolaus versuchte daher, den Gesprächsgegenstand zu wechseln. Vergebens. Der Kaiser hielt eine wunderbare Rede, nach deren Schluß seinem Zuhörer nur zwei Möglichkeiten blieben: Geradeheraus und deutlich zu antworten oder das Schriftstück zu unterzeichnen. Die Höflichkeit Nikolaus' war sogar stärker als sein Bedürfnis, seinem Vater nachzueifern, und so ergriff er die Feder. – *Das ist schön, Nicki,* lobte der Kaiser. *Noch eine kleine Formalität, und das wichtigste Bündnis der Zeitgeschichte wird zur Wirklichkeit. Wer soll deine Unterschrift bezeugen? Ist einer deiner Minister an Bord?* – ‹Ich werde morgen meinen Außenminister, den Grafen Lamsdorf, darum ersuchen.› – *Aber ich glaube, ich sah deinen Marineminister, Admiral Birilew, auf meinem Weg in dein Arbeitszimmer.* – ‹Ja, er ist an Bord, aber ich möchte wirklich lieber die Unterschrift meines Außenministers haben.› Ein neuer Beredsamkeitsausbruch des Kaisers, und Admiral Birilew wurde in das Arbeitszimmer berufen. So entschlossen war Nikolaus II., dieses improvisierte Bündnis sofort bei seiner Rückkehr nach Zarskoje Selo zu annullieren, daß er es nicht von seinem Minister lesen lassen wollte. – ‹Admiral Birilew›, fragte der Zar errötend, ‹haben Sie Vertrauen zu mir?› – ‹Eure Majestät wissen, daß ich immer bereit bin, mein möglichstes für die Krone und für Rußland zu tun.› – ‹Sehr gut. Wollen Sie dann ein Schriftstück für mich unterzeichnen? Ich möchte Ihnen den Inhalt lieber nicht zeigen. Ich habe meine Gründe.› – Admiral Birilew verneigte sich und unterzeichnete den Vertrag von Björkö.»[91] Auch diese Story stimmt nicht. Hinterher hat der Zar sich geschämt, daß er sich so hatte einwickeln lassen, unterschrieben hat er guten Glaubens; an ihm gemessen ist Wilhelm II. ein perfekter Realpolitiker. Nikolaus hat wirklich nicht daran gedacht, daß des deutschen Kaisers Versuch, den Bismarckschen Rückversicherungsvertrag zu übertrumpfen, gegen die russisch-französischen Vereinbarungen verstieß. Als Ministerpräsident Graf Witte und sein Außenminister Graf Lamsdorf den Vertrag von Björkö zu lesen bekommen, rufen sie den Grafen Birilew und fragen ihn, ob er wisse, was er unterschrieben habe. Nein, er habe blind unterzeichnet. Seufzend über so viel Weltfremdheit von Souveränen bringen die Herren dem Zaren schonend bei, daß dieses von den «Monarchen unter sich» verfertigte Papier niemals öffentlich bekannt werden dürfe. Nikolaus atmet auf. Schlimmer ergeht es Wilhelm. Er hat ein Telegramm an Präsident Roosevelt aufgesetzt, in dem er ihm, seine «historische Friedensmission» erläuternd, kundgibt: daß der deutsche Kaiser den gegen seine Nation gerichteten Zweibund in einen Dreibund für die Sicherheit Europas

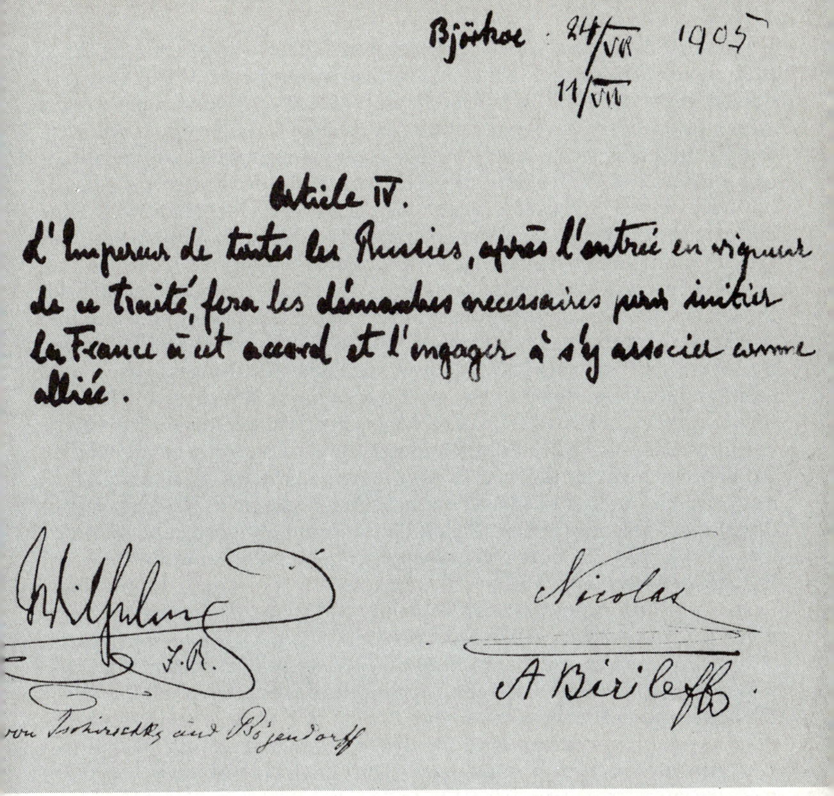

Björkö · 24/VII 1905
11/VII

Article IV.

L'Empereur de toutes les Russies, après l'entrée en vigueur de ce traité, fera les démarches nécessaires pour initier la France à cet accord et l'engager à s'y associer comme alliée.

Wilhelm I. R.
von Tschirschky und Bögendorff

Nicolas
A Birileff

Artikel IV.

Der Kaiser aller Reußen wird, nachdem dieser Vertrag in Kraft getreten ist, die notwendigen Schritte tun, um Frankreich in diese Vereinbarung einzuweihen und es aufzufordern, ihr als Verbündeter beizutreten.

Wilhelm I. R.
von Tschirschky und Bögendorff

Nikolaus
A Birileff

Aus dem Vertrag von Björkö, 24. Juli 1905

verwandelt habe (Frankreich, meint er, werde den Vertrag sicher sanktionieren, aus Dankbarkeit für sein Wohlverhalten in der Marokko-Krise, obwohl diese noch gar nicht beendet ist). Bülow verhindert nicht nur die Absendung dieser «Frohen Botschaft», sondern findet einen Ausweg, den Vertrag fallenzulassen. Seine Majestät habe ihn selbst durch Hinzufügung der zwei Worte: *en Europe* entwertet, die der Kaiser mit Absicht einfügte: wenn Rußland in Asien Krieg bekommt, will er natürlich keine Hilfe leisten. Bülow hingegen beharrt, von Holstein unterstützt, auf seinem Standpunkt: Rußland wäre in einem Krieg gegen Großbritannien auf dem Festland keine Hilfe, wohl aber in Indien. Tief beleidigt, daß der Kaiser ein solches Unternehmen hinter seinem Rücken unternommen hat, schreibt er ihm: «Ich bin meinem Kaiserlichen Herrn schuldig, offen zu sagen, daß ich nach ruhiger und sachlicher Prüfung vor Gott und meinem Gewissen den Zusatz ‹en Europe› für schädlich und gefährlich halten muß ... Deshalb bitte Ew. Majestät ich in tiefster Ehrfurcht, die Leitung der auswärtigen Politik anderen Händen anvertrauen zu wollen. Ich brauche nicht zu sagen, daß ich meinen Rücktritt selbstverständlich nur mit Gesundheitsrücksichten begründen werde.» Für den Kaiser bricht eine Welt zusammen. Absolut fassungslos antwortet er dem Kanzler: *Wenn dies Bismarck gelungen wäre, so wäre er außer sich vor Freude gewesen und hätte sich von allem Volke feiern lassen. Vom besten und intimsten Freunde so behandelt zu werden ... das hat mir einen solchen fürchterlichen Stoß gegeben, daß ich vollkommen zusammengebrochen bin und befürchten muß, einer schweren Nervenkrankheit anheim zu fallen! Sie sagen, die Situation durch den Vertrag mit «en Europe» sei so ernst geworden, daß Sie keine Verantwortung übernehmen können. Vor wem? Und im selben Atemzuge glauben Sie es vor Gott verantworten zu können, in der von Ihnen als besonders verschärft und ernst angesehenen Lage Ihren Kaiser und Herrn, dem Sie Treue geschworen haben, der Sie mit Liebe und Auszeichnungen überhäuft hat, Ihr Vaterland und, wie ich glaube, Ihren teuersten Freund in derselben sitzenzulassen!? Mein lieber Bülow, das werden Sie uns beiden nicht antun! Wir sind beide von Gott berufen und füreinander geschaffen, für unser liebes deutsches Vaterland zu arbeiten und zu wirken! Ist wirklich – was Ich nicht glaube – durch einen Fehler von Mir eine Ihrer Ansicht nach bedenklichere Situation geschaffen, so ist das im vollsten guten Glauben geschehen! So weit werden Sie Mich doch wohl kennen, um das anzunehmen! Ihre Person ist für Mich und unser Vaterland 100000mal mehr wert als alle Verträge der Welt ... Vergessen Sie nicht, daß Sie Mich persönlich gegen Meinen Willen in Tanger eingesetzt haben, um einen Erfolg in Ihrer Marokko-Politik zu haben ... Ich bin Ihnen zuliebe, weil es das Vaterland erheischte, gelandet, auf ein fremdes Pferd, trotz Meiner durch den verkrüppelten linken Arm behinderten Reitfähigkeit, gestiegen, und das Pferd hätte mich um ein Haar ums Leben gebracht, was Ihr Einsatz war! Ich ritt mitten zwischen den spanischen Anarchisten durch, weil Sie es wollten und Ihre Politik davon profitieren*

Fürst von Bülow. Zeichnung von Olaf Gulbransson

sollte! Und jetzt wollen Sie, wo ich das alles – und wie ich zuversichtlich glaube, noch weit mehr – für Sie getan, Mich einfach fahrenlassen, weil eine Situation Ihnen zu ernst erscheint!! Aber Bülow, das habe Ich nicht um Sie verdient! . . . Sie können und dürfen Mir nicht versagen, damit wäre Ihre ganze diesjährige Politik von Ihnen selbst desavouiert und Ich auf ewig blamiert. Was Ich nicht überleben kann. Gönnen Sie Mir ein paar Tage erst der Ruhe und Sammlung, ehe Sie kommen, denn die durch Ihre Briefe verursachte Nervenaufregung ist zu groß. Ich bin jetzt außerstande, in Ruhe zu debattieren. Ihr treuer Freund Wilhelm I. R. – P. S. Ich appelliere an Ihre Freundschaft für Mich, und lassen Sie nicht wieder etwas von Ihrer Abgangsabsicht hören. Telegrafieren Sie Mir nach diesem Briefe: «Allright», dann weiß ich, daß Sie bleiben! Denn der

Aus einem Arbeitszimmer des Kaisers: der Schreibstuhl mit dem Sattel

Morgen nach dem Eintreffen Ihres Abschiedsgesuches würde den Kaiser nicht mehr am Leben treffen! Denken Sie an meine arme Frau und Kinder. W. St. Petersburg gibt zu verstehen, daß der Vertrag selbstverständlich keine Gültigkeit haben könne und das «für die staatsmännische Weisheit des Kaisers nicht gerade rühmliche Prunkstück von Dokument» fällt in den Papierkorb. Bülow bleibt, und Wilhelm verdrängt seinen einzigen Versuch, selbständig eine politische Großtat zu vollbringen.

Wilhelm II. hat sich öfter in dem Sinn geäußert: brenzlige Situationen seien nichts für Zivilisten, da müsse vom Sattel aus regiert werden. Dem entsprach sein Arbeitsplatz: ein Pferdesattel, auf ein Holzgestell montiert, vor einem Damenschreibtisch. Von diesem Herrschersitz aus war ihm nicht sehr viel Erfolg beschieden.

DER SCHUSS VOR DEN BUG

«Zwei auf einem Pferd bei einer Prügelei . . .
ein schönes Bild für eine Staatsverfassung.»
Lichtenberg

1906 ist ein ereignisreiches Jahr. In Rußland scheitert der erste Versuch einer Volksvertretung (Duma); der Schah gibt Persien eine Verfassung; in Frankreich kommt Clemenceau an die Regierung, und Dreyfus wird endgültig freigesprochen; in England läuft das erste Großkampfschiff «Dreadnought» [Fürchte nichts] vom Stapel, die Labour Party wird gegründet und die Suffragettenbewegung aktiv; in Deutschland wird der Reichstag aufgelöst, im neuen hat der Kanzler die Mehrheit hinter sich und regiert für drei Jahre mit dem «Bülow-Block», das Reich schließt seine Erwerbungen von Neu-Guinea und Deutsch-Samoa ab, Carl Peters facht die Kolonialbegeisterung durch seinen Bericht über die «Gründung von Deutsch-Ostafrika» an, Geheimrat Holstein wird entlassen, Maximilian Harden beginnt in seiner Zeitschrift «Die Zukunft» eine Kampagne gegen den Freund des Kaisers, Graf Eulenburg, die SPD diskutiert den Massenstreik als politisches Kampfmittel. In Helicon Hall (USA) errichtet der Schriftsteller Upton Sinclair eine kommunistische Kolonie; der Ausbruch des Vesuvs und das Erdbeben in San Francisco sind harmlose Tagesereignisse im Vergleich zu der weltverändernden Explosion, deren erster Funke in einer Züricher Gelehrtenstube zu glimmen beginnt: Albert Einstein entdeckt die Gleichwertigkeit von Masse und Energie, die Atomkernforschung kann beginnen . . .

Die Sensation des Jahres aber ist der Gaunerstreich des Zuchthäuslers Wilhelm Voigt (der übrigens niemals Schuster, sondern nur Gelegenheitsarbeiter in einer Schuhfabrik war): Zuckmayer hat in seinem grandiosen Bilderbogenstück «Der Hauptmann von Köpenick» seinen Helden sentimentalisiert, zeigt aber ein so amüsantes Panorama des wilhelminischen Deutschland, daß man über dem Vergnügen den Ernst vergißt und genauso herzlich lachen muß, wie S. M. es tut, als er von der *famosen Chose* erfährt. (Eine makabere Entlarvung des Kaiser-Deutschlands ist das bisher in dieser Sicht noch nicht konsequent inszenierte Drama «Die Ratten» von Gerhart Hauptmann.) Die «Daily Mail» berichtet am 8. Oktober: «Die Drähte zwischen Berlin und Bonn glühen förmlich vor erschöpfenden Details und Entwicklungen, die der Kaiser in möglichst großem Umfang zu berichten befahl. Sein Sinn für Humor wurde zutiefst angerührt, wie seine telegr. Anmerkungen zur Person des vorgeblichen Offiziers als eines ‹Genialen Kerls› erweist. Man vernimmt jedoch, daß Ausdrücke kräftiger und deutlicher Natur über die kaiserlichen Lippen kamen, als der Vorfall mit all seinen zwerchfellerschütternden Details von einem unbeteiligten Offizier vor ihm ausgebreitet wurde.» Und Walther Rathenau schreibt: «Als der Totenkopf des Hauptmanns ‹von Köpenick› – den preußischen Militarismus und Kadavergehorsam verhöhnte, schmunzelte Deutschland und schauderte Europa. Und der Kaiser lachte und meinte: ‹Das macht uns keiner nach!›»[92] – «Der Doktor ist die Visitenkarte, der Reserveoffizier ist die offene Tür, das ist die Grundlage, das ist mal so» sagt der lebenskluge Schneider Wormser bei Zuckmayer, und er muß es wissen – das Sprichwort «Kleider machen Leute» hat eine uns heute erschreckende Gültigkeit, wie Heinrich Mann uns in einem Stimmungsbild vor Augen führt. «1906 in einem Café Unter den Linden betrachtete ich die gedrängte Menge bürgerlichen Publikums. Ich fand sie laut, ohne Würde, ihre herausfordernden Manieren verrieten mir ihre geheime Feigheit. Sie stürzten massig an die breiten Fensterscheiben, als draußen der Kaiser ritt. Er hatte die Haltung eines bequemen Triumphators. Wenn er gegrüßt wurde, lächelte er – weniger streng als mit leichtsinniger Nichtachtung. – Ein Arbeiter wurde aus dem Lokal verwiesen. Ihm war der absonderliche Einfall gekommen, als könnte auch er, für dasselbe billige Geld wie die anders Gekleideten, hier seinen Kaffee genießen. Unter einer Decke, von der lebensgroße Stuckfiguren hingen! Zwischen den schlecht gemalten Militärparaden an beiden Längswänden! Obwohl der Mann keine Gegenwehr leistete, fanden der Geschäftsführer und die Kellner lange ihr Genüge nicht, bis der peinliche Zwischenfall aus der Welt war.»[93]

Der «Hauptmann von Köpenick». Nach dem Leben gezeichnet von Fritz Koch-Gotha

Am Brandenburger Tor: Ausritt in den Tiergarten

Ob Friedrich von Holstein den Namen «Graue Eminenz» verdient und er als Spinne im Netz wirklich alle Fäden des Auswärtigen Amtes nach eigenem Gutdünken spann, ist neuerdings fraglich geworden. Aus Hunderten von Briefen und seinem «Geheimen Nachlaß» geht jedenfalls hervor, welch ein infamer Intrigant und in wie hohem Grad er Psychopath war. Fürstin Radziwill, eine der wenigen politisch wachen und aus erster Hand informierten Damen Berlins, schreibt in ihrem Tagebuch über ihn: «Er muß irgend eine verborgene Macht besitzen, denn alle Kanzler nacheinander hatten eine gräßliche Furcht vor ihm und diejenigen, die den Umgang mit ihm nicht pflegen, sind sicher, daß sie in Ungnade fallen und in ihrer Karriere scheitern.»[94] Der Kaiser hat den menschenscheuen Sonderling nur einmal aus seinem Fuchsbau herauslocken können. Selbst dieser Einladung versuchte Holstein mit der Ausrede zu entgehen, er besitze keinen Frack. Er darf im Gehrock mit S. M. tafeln, der ein erlesenes Menü servieren läßt, da sein Gast, im Gegensatz zu ihm, ein großer Gourmet ist. Über Politik wird nicht gesprochen. Näher sind sie sich nicht gekommen. Holstein bleibt für Wilhelm *ein merkwürdiger Kauz* und für jenen der Kaiser «ein Kind oder ein Narr». Wenn sich Holstein gekränkt fühlt, reicht er, im Vollgefühl seiner Unentbehrlichkeit, ein Abschiedsgesuch ein. Diese Gepflogenheit wird ihm zur Routine. Als jetzt Bülow, der mit ihm befreundet ist und seinen

83

Die Graue Eminenz: Geheimer Legationsrat Friedrich von Holstein

Rat nicht entbehren kann, nach einem Ohnmachtsanfall im Reichstag einige Tage krank ist (oder krank spielt), holt sein Stellvertreter das zwölfte Abschiedsgesuch des Geheimrats aus dessen Schublade und legt es S. M. vor, der sofort unterschreibt. Holstein fällt aus allen Wolken. Drei Jahre später erfährt der Kaiser in Korfu, daß der Mann, der seine Regierung als «Operettenregiment» verspottet hat, gestorben ist und ruft spontan dem gerade bei ihm eintretenden deutschen Gesandten in Athen zu: *Kommen Sie schnell und lassen Sie sich umarmen, ich habe eben eine Depesche erhalten, die mir meldet, daß Holstein tot ist. Uff!* [95] Vor seinem Ableben aber hat der alte «Austernfreund» [96] Rache genommen und ein Unheil angestiftet, das den Kaiser tiefer trifft als alle Angriffe gegen ihn bisher. Einen schriftlichen Beweis dafür, daß Holstein der erste Informant Hardens für seine Hetzartikel war, kann es nicht geben, da es für allerheikelste Indiskretionen nie Unterlagen gibt. Doch die beiden saßen öfters bei Horcher zusammen und gingen stundenlang im Grunewald spazieren.

Der Skandal, den Harden entfacht, sich als Volkstribun aufspielend, um den Minnegrafen Eulenburg und die homosexuelle Clique um den Kaiser als politische Schädlinge zu entlarven, indem er ihr Privatleben brandmarkt, ist ungeheuerlich. Er schadet dem Ansehen der Monarchie weit mehr als die pornographischen anonymen Briefe. Restlos geklärt ist diese dunkle Affäre bis heute noch nicht. Eines hat Harden erreicht: den völligen Ruin Eulenburgs, der zusammenbricht und im Krankenstuhl in den Gerichtssaal getragen werden muß, bis der Prozeß schließlich abge-

brochen wird. Und der Kaiser? Wilhelm läßt seinen Freund, den einzigen, der diesen Namen verdient, nach zwanzigjährigem Vertrautsein
fallen wie eine heiße Kartoffel. Brüsk fordert er alle Orden zurück und
stellt ihn vor die Alternative: Reine Weste oder Ausland! Er will ihn
nicht wiedersehen, nichts mehr von ihm wissen. Ist das die schon von
Bismarck gerügte «Leichtfertigkeit, mit welcher er bewährte Diener,
auch solche, die er bislang als persönliche Freunde behandelt hat, ohne
Klarstellung der Motive verabschiedet»[97]? Im Fall Eulenburg gibt es
gewisse Aussagen, die Fragen eröffnen, deren Beantwortung eine Stelle
im Wilhelm-Bild zum Vorschein brächte, die bislang im dunkeln blieb.
Der Vorwurf, Eulenburg habe seinen kaiserlichen Freund in dessen
Persönlichen Regiment bestärkt, trifft nur sehr eingeschränkt zu. Eulenburg hat ihn gebremst, wo er es vermochte, und stets versucht, den
Einfluß des militärischen Klüngels der Flügeladjutanten zu schwächen,
was freilich nicht immer glückte, denn, um noch einmal Bismarck zu
zitieren: «Er ist auf die Dauer keinem, im Augenblick jedem Einfluß
zugänglich.»

Am 12. November 1907 fährt Wilhelm II. mit der Kaiserin nach
London – nicht zuletzt, um sich vom Ort der häßlichen Eulenburg-Pro-
zesse zu entfernen. Auf Einladung Edwards VII. ist das hohe Paar in
Windsor zu Besuch, *der, bei sehr liebenswürdiger Aufnahme seitens der
englischen Königsfamilie, harmonisch verlief*[98]. Ob er bewußt schwin-
delt oder sich selbst belügt, kommt auf dasselbe hinaus: in *Ereignisse und
Gestalten* stimmen in mehr als einem Fall weder die Ereignisse noch die
Gestalten. Onkel Edward ist frostig freundlich und quartiert ihn, als ihm
der Besuch lästig wird, höflich aus bzw. verweigert ihm einen «Nachur-
laub» in Osborne mit der Ausrede, das alte Schloß sei zu klein für sein
Gefolge und so schnell nicht standesgemäß herzurichten. Oberst
Stuart-Wortley fühlt sich geehrt, den deutschen Kaiser auf Schloß High-
cliffe an der Südküste Englands als Gast beherbergen zu dürfen. Es finden
spätherbstliche gemütliche Kaminabende statt, an denen S. M. plaudert
und plaudert . . . (Angeblich schickt er Chiffretelegramme über diese
Gespräche, in denen er vorher abgesprochene Themata berührt, nach
Berlin.) Ein Jahr darauf platzt die Bombe.

Am 28. Oktober 1908 erscheint im «Daily Telegraph» ein Artikel:
«The German Emperor and England», zwei Tage später ein Auszug in der
«Norddeutschen Allgemeinen Zeitung», übermittelt von Wolff's Tele-
graphenbüro. Der Veröffentlichung ist eine Anfrage im Auswärtigen
Amt vorausgegangen. Nachdem Geheimrat Klehmet bestätigt, «die Veröffentlichung entspreche, wie er wisse, dem Wunsch des Kaisers und des
Reichskanzlers», sieht das Pressedezernat des Auswärtigen Amts kein
Bedenken, sie zuzulassen. In dem Interview hat der Kaiser unter anderem
gesagt, er sei in Deutschland der einzige Freund Englands, was er bewiesen habe, indem er den Feldzugsplan gegen die Buren ausgearbeitet,
durch dessen Befolgung General Lord Kitchener auch schließlich gesiegt
habe; außerdem habe er, der deutsche Kaiser, Rußland und Frankreich

daran gehindert, Front gegen Britannien zu machen; im übrigen müßten die beiden germanischen Kernvölker gegen Japan vorgehen. Damit hat Wilhelm sich zwischen alle Stühle der Welt gesetzt. Japan quittiert die offene Kampfansage mit asiatischem Lächeln, hinter dem sich zunehmender Haß verbirgt; die Russen und Franzosen schreien «Verleumdung!»; die Buren sind schwer gekränkt; die Stimmung in England schwankt zwischen Wut und Hohngelächter. Alle ausländischen Stimmen aber sind eine leichte Brise gegen den Entrüstungssturm im Reich. Die «Daily Telegraph-Affäre» ist Wilhelms Wendepunkt. Die Kritik an seinem Regierungsstil kulminiert. Der Reichstag traut sich so weit vor wie noch nie. Die Verurteilung des Kaisers von rechts bis links ist einmütig. Es fallen härteste Worte. Und der Reichskanzler, von dem der schwäbische Witzbold Kiderlen-Wächter gesagt hat: «Gegen Bülow ist ein Aal ein Igel», windet sich und entschuldigt seinen Herrn mit matten Redensarten wie «Ein Philister ist er nicht». Sich selbst dagegen wäscht er blütenrein von jeder Schuld, durch die Behauptung, er habe den Text des Interviews vorher nicht gelesen[99]; was unter anderem beweist, wie streng die Behörden auf Gehorsam und Diskretion gedrillt sind, denn mindestens zwei Dutzend Beamte wissen, daß der Kanzler lügt. Offiziell wird Bülow geglaubt und Wilhelm II. steht als Alleinschuldiger da. Doch so laut die Reichsboten schimpfen, sie unternehmen nichts. Der Sozialdemokrat Heine (später Justizminister in der Weimarer Republik) meint resignierend, man könne nichts machen, denn was er auch verspräche, er ändere sich doch nicht.[100] Bülow hat also ganz recht, wenn er feststellt: die Monarchie sei krisenfest und da «müßten schon ungeheure Dummheiten passieren, um ihren Nimbus zu zerstören». Hier zeigt sich die Schwäche der SPD, wie sie Jean Jaurès auf dem Internationalen Sozialistenkongreß 1904 den deutschen Genossen vorgeworfen hat: «Selbst wenn ihr die Mehrheit im Reichstag hättet, wäre euer Land das einzige, wo der Sozialismus nicht Herr wäre. Ein Parlament ist kein Parlament, dessen Beschlüsse nur Wünsche sind, die die Reichsbehörden willkürlich kassieren können.» Und der Liberale Friedrich Naumann resümiert nach dem «Novembersturm» im Reichstag: «Ein großer Sturm ist durch unser politisches Leben dahergebraust, ein Sturm des Volksempfindens gegen den Kaiser. Nicht das ist das wesentlichste, was dabei an Verfassungsänderungen erreicht oder vielmehr nicht erreicht wurde, sondern die Tatsache selbst, daß nun das Kaiserproblem vor aller Welt aufgeworfen ist . . . Dieser spätere Geschichtsschreiber wird viel mehr von unserem gegenwärtigen Kaiser wissen als wir, denn ihm werden besonders in der auswärtigen Politik Aktenstücke sich öffnen, die für uns verschlossen sind, und vor allem wird er wissen, ob die Zeit Wilhelms II. mit einer großen nationalen Niederlage schließen wird oder nicht . . . Carlyle sagt irgendwo, daß jedes Volk die Regierung hat, die es verdient. Das antworten wir allen denen, die jetzt mit einem Male jammern und wehklagen, als sei es etwas ganz Neues, daß die deutsche Politik nicht vom deutschen Volke selber gemacht wird. Ihr Klageweiber, was habt ihr denn bisher

Maximilian Harden

getan? Wo wart ihr denn, wenn Volkspolitik gemacht werden sollte? Wo waren eure Gedanken und wohin flossen eure finanziellen Mittel? . . . Ihr verlangt, daß der Kaiser euch nicht von oben herab behandeln soll? Ihr! Erst soll unsere Bildungsschicht etwas tun, ehe sie ein Recht hat, zu räsonnieren. Ihr werft dem Kaiser vor, daß er nicht methodisch politisch arbeitet. Ganz recht. Aber macht ihr es denn anders? ‹Dem impulsiven Regiment› entspricht eine Bildungsschicht, die ganz ebenso ist. Dieser Kaiser, über den ihr euch aufregt, ist euer Spiegelbild! . . . Ihr sagt, er redet zuviel! Gewiß! Aber was tun denn die anderen? . . . Wir selber sind schuld, daß alles so weit gekommen ist. Wir alle müssen den Staat neu begreifen lernen, den neuen Staat mit seinem Großbetriebscharakter, und müssen von vorn an lernen, für den neuen Staat ein neues Regiment zu schaffen.»[101]

Einmal hat die SPD den Versuch einer Verfassungsänderung vorzuschlagen gewagt: als sie nach der zweiten Marokko-Krise den Antrag stellt, den Artikel 11 zu modifizieren, um dem Parlament das Recht zur Genehmigung aller Verträge mit fremden Staaten zu erteilen. Selbst wenn der Antrag, was er natürlich nicht tat, durchgekommen wäre, hätte der Bundesrat – mochte er unter Wilhelm II. auch ein Schattendasein führen – diesen wie jeden anderen Ansatz einer demokratisierenden Machterweiterung zu verhindern gewußt. Daß aber das «Persönliche Regiment» des Kaisers dem Staat großen Schaden zugefügt hätte, ist eine Übertreibung. Verwirrungen im Geschäftsbetrieb hat er durch seine Willkürlichkeit angerichtet, eine eklatante Verletzung der Reichsverfassung hat er nie begangen. Nach seinen Sprüchen, die er nach Lust und Laune von sich gab und mehr noch in der Wut, um sich abzureagieren, könnte man ihn für einen Despoten halten. Doch jeder, der ihn näher kennt, weiß: S. M. sagt viel, wenn der Tag lang ist, aber er meint es nicht so und tut nichts von dem, was er androht. Hauptsächlich besteht sein *Persönliches Regiment* in der Beamtenernennung, die er allerdings in den seltensten Fällen nach sachlichen Gesichtspunkten vornimmt, sondern meistens nach Sympathie, oder in den Jahren seiner Freundschaft mit Eulenburg nach dessen Vorschlägen. Die Chefs der Kabinette, die Minister, alle Männer in leitenden Stellungen führen aber ebenfalls ein «persönliches Regiment», handeln nach Gutdünken und häufig genug aus privaten Motiven. Das Ressortdenken, die Eifersüchteleien, das Prestige, die Vorurteile der herrschenden Kaste, aristokratische Dünkel, militärische Borniertheit, doppelte Moral, Großmannssucht, Nationalwahn – und wie die Krankheiten der Epoche alle heißen –, von einem dieser Bazillen ist jeder befallen. Noch ahnungslos, daß es an Krebs leidet, führt sich das deutsche Bürgertum auf, als gehöre ihm die Welt. Bereits Fontane fand das «Bürgervolk erbärmlich und den Bourgeois dreimal erbärmlich». Der sanfte Helmuth von Moltke (den der Kaiser bezeichnenderweise Julius nennt), durch seine Frau mit Rudolf Steiner bekannt und dessen anthroposophischer Weltvorstellung zugeneigt, urteilt, als Aristokrat, noch härter: «Das deutsche Volk ist doch in seiner Gesamtheit eine erbärmliche Gesellschaft. Lauter Kirchturmspolitiker, ohne eine Spur von Großzügigkeit, kleinlich, hämisch, voller Neid und Mißgunst, gehässig und kurzsichtig, daß es zum Erbarmen ist. Überall wird heruntergerissen, mit Schmutz beworfen, verleumdet und gelogen, und das alles unter dem Mantel tugendhafter Entrüstung. Heuchelei, wohin man sieht, engherziger Egoismus und krasser Materialismus.»[102] Noch verderbenbringender als die geldgierige Geschäftswelt sind die «Idealisten», die (wie auch Wilhelm) Geibel falsch zitieren: «So wird am deutschen Wesen einmal noch die Welt genesen.» Mit Marschmusik im Blut und Höhenflug im Hirn will der deutsche Patriot im Wolkenkuckucksheim die Erde erobern. Am Stammtisch wird beim Bier Bismarck zitiert; der «Eiserne Kanzler», das war doch noch einer! Dieser Schlappier, der sich jetzt auf dem Thron mausig macht, der traut sich ja nicht, das Schwert zu ziehen! Erklärt, noch dazu im Ausland, er sei ein Freund des «perfiden Albion»! Na ja, ist ja selber ein halber Engländer! So und ähnlich spricht des Volkes Stimme im November 1908. Und der Kaiser tut alles, um die Wogen der Entrüstung höher schlagen zu lassen. Er läßt sich in seinen gewohnten Vergnügungen nicht stören, Herbst ist Jagdzeit, da muß S. M. auf die Pirsch. In Eckardsau beim österreichischen Thronfolger Franz Ferdinand schießt er Hirsche, dann geht es zur Fuchsjagd zu Freund Fürstenberg, dem famosen Witzeerzähler, der in gewisser Weise Eulenburgs Nachfolge angetreten hat, wodurch das Niveau der alltäglichen Unterhaltung erheblich gesunken ist. Wie dem Kaiser wirklich zumute ist, kann die Öffentlichkeit nicht wissen. Zunächst ist er vollständig konsterniert. Er faßt es nicht, wie man ihn so mißverstehen kann. In erster Erregung ruft er empört: *Mad! Mad! Mad as the March!*[103] Gräfin Spitzemberg erfährt aus bester Quelle: «Der Kaiser sei in Donaueschingen in einer furchtbaren Wut gewesen, Hülsen habe ihm aber nichts geschenkt. Dann sei eine große Depression eingetreten, er habe sich zu Bette gelegt, sehe niemanden, habe keine Vorträge, esse ohne Gefolge, kurz, sei noch ganz verwirrt. Er, Hülsen, fürchtet aber sehr, daß der Groll gegen Bülow als Stachel zurückbleibe und über kurz

*Fürst Fürstenberg
erzählt einen Witz*

oder lang doch zum Bruch führen werde.» Zum erstenmal in seinem Leben ist der Ewigredende sprachlos. Bleich und stumm sitzt er da, und seine strahlenden blauen Augen sind ohne Glanz. Kabinettschef Rudolf von Valentini berichtet, wie er am 12. November den Kaiser in Donaueschingen antrifft, «er und die Jagdgesellschaft soeben im Begriffe, die Automobile zur Fahrt in das Jagdgelände zu besteigen». Im geschlossenen Wagen ist die erste Frage des Monarchen: *Sagen Sie mir, was geht eigentlich vor? Was bedeutet dies alles?* Wie ist es möglich, daß Bülow ihm den Schwarzen Peter zuschiebt? Wie soll er sich jetzt verhalten? Nach der Darstellung des treu seinem Herrn ergebenen Valentini hat er sich «edle Zurückhaltung» auferlegt. «Eine schwere Unterredung im Automobil und ihre Fortsetzung abends im Arbeitszimmer legten die Grundlage fest: das Staatsinteresse fordert, daß der leitende Staatsmann bleibt, und darum muß der König schweigen. Mit einer bewunderungswürdigen Seelengröße nimmt der stolze Mann die Demütigung auf sich: er beschließt, den Kanzler zu empfangen und ihm die Zusicherungen zu geben, die dieser im Interesse der Beruhigung der Gegenwart und im Interesse der Zukunft fordert, und die eine Absage an das persönliche Eingreifen des Herrschers in die Regierungsmaschine bedeuten. Den Entschluß gefaßt, fühlt er sich erleichtert; er will handeln wie die Großen seines Geschlechts, will seinen persönlichen Stolz und Zorn den Forderungen der Staatsnotwendigkeit unterordnen.»[104] Der durch nichts zu erschütternde und stets quicklebendige Fürstenberg sucht seinen betrübten Gast durch Ausflüge in den Schwarzwald und amüsante Abendunterhaltungen zu zerstreuen. Eine Kabarettgruppe, die er am letzten Jagdtag kommen läßt, hat nicht den erhofften Erfolg. Um den Kaiser schließlich doch in bessere Stimmung zu bringen, gibt Fürst Max Egon dem Chef des Militärkabinetts Dietrich von Hülsen-Haeseler, ein Bursche voll unendlichem Humor, und zwar Berliner Spielart, den Tip, eine Glanznummer abzuziehen, über die Majestät sich schon öfter köstlich amüsierten. Der Graf und General, ein wohlbeleibter Siebenundfünfziger, wird zur Tänzerin. «Ein Walzer ertönte, und herein trat eine groteske Figur: Graf Hülsen hatte sich eine helle Ballrobe der Hausherrin angezogen, einen großen, mit Straußenfedern geschmückten Hut aufgesetzt und so tanzte er, den Fächer kokett in der Hand, in seiner graziösen Weise ein Solo nach den Klängen der Musik. Rauschender Beifall lohnte ihm, wie er, rückwärts schreitend und den Damen Kußhände zuwerfend, die Halle durch eine Glastür verließ.» Soweit Valentini; den Ausgang schildert Zedlitz-Trützschler: «Als der Graf eben einen Tanz beendet hatte, begab er sich in die anstoßende Galerie, die nach dem Salon der Fürstin führt, um einen Augenblick Luft zu schöpfen. Ich stand vier Schritt vom Eingang der Galerie entfernt und hörte dort plötzlich einen schweren Fall. Ich eilte in die Galerie und sah Graf Hülsen lang ausgestreckt, mit dem Kopf in der Fensternische, auf der Erde liegen. Gleich nach mir erschienen noch einige andere Herren, wir mühten uns um den Grafen, und da ich sogleich merkte, daß der Fall sehr ernst war, sah ich mich nach dem Arzt

*Graf
Hülsen-Haeseler,
Chef des
Militärkabinetts*

um. In der Halle stand noch am Kamin der Kaiser und unterhielt sich
ahnungslos mit Valentini. Ich meldete ihm, Graf Hülsen sei soeben
umgefallen und ohnmächtig, es sähe sehr ernst aus, ich würde Stabsarzt
Niedner, den Leibarzt, suchen. Der Kaiser begab sich sogleich zum
Grafen Hülsen.» Rasch wird ein Arzt geholt, ein zweiter – alle Wiederbe-
lebungsversuche sind umsonst. «Um die Tragik noch zu erhöhen, spielte
die Musik ruhig weiter, als bereits diese glänzende Gesellschaft um den
Toten beschäftigt war.» Die Ärzte sind der Ansicht, «daß der Graf, der
schon immer am Herzen gelitten, auch schon im Dienst (in Metz) einen
schweren Ohnmachtsanfall gehabt hatte, durch die Anstrengungen des
Tanzes einen plötzlichen Herzschlag bekommen und bereits im Augenblick des Falles tot gewesen war»[105]. Wilhelm ist erschüttert und beteu-
ert, einen Freund verloren zu haben. In schwerer Depression kehrt er
nach Potsdam zurück. Hilflos fühlt er sich unfaßbaren Mächten ausgeliefert. Er ist buchstäblich ratlos, und niemand ist da, dem er sein Herz
ausschütten könnte. Hinzpeter ist vor einem Jahr gestorben. Phili
schlimmer als tot. Kein Mensch versteht ihn. Verzweifelt legt er sich ins

Wilhelm II., der Kronprinz, Prinzessin Viktoria Luise und die Kronprinzessin bei den Totenkopfhusaren in Danzig

Bett und schickt nach dem Kronprinzen, der von diesem denkwürdigen Tag aus Wilhelms Leben erzählt: «In der Tür empfing mich der Kammerdiener meiner Mutter, der alte Höpfer. Er hatte auf mich gewartet, um mir zu bestellen, ich möge erst zu Ihrer Majestät kommen, ehe ich mich beim Kaiser melden ließe. Meine Mutter empfing mich sogleich. Sie war erschüttert, hatte rote Augen. Sie küßte mich, hielt meinen Kopf vor sich in beiden Händen: ‹Du weißt, mein Junge, warum du hier bist?› – ‹Nein, Mutter –› – ‹Dann geh hinein zum Vater. Und prüfe dein Herz, ehe du dich entscheidest.› Da wußte ich, worum es ging. Minuten später war ich bei meinem Vater, der zu Bette lag. Ich war tief erschreckt über sein Aussehen. Nur einmal noch habe ich ihn so gesehen! Zehn Jahre später, an dem Unheilstag in Spa, als General Groener ihm den letzten Halt, den Glauben an die Treue der Armee mit einem Achselzucken kalt zerbrach. – Um Jahre schien er mir gealtert, war hoffnungslos, fühlte sich verlassen von allen, war zusammengebrochen unter der Katastrophe, die ihm den Boden unter seinen Füßen fortgenommen, sein Selbstbewußtsein und Vertrauen zertrümmert hatte. Ein tiefes Mitleid war in mir. Kaum jemals habe ich mich ihm so nah gefühlt wie in dieser Stunde. Er hieß mich setzen, redete drängend, anklagend und sich überstürzend von diesen Vorgängen. Enttäuschung, Mutlosigkeit und Resignation hielten ihn umfaßt; dabei kam immer wieder die Bitterkeit über das Unrecht durch, das er in den Vorgängen sah. – Ich habe ihn beschwichtigt und aufzurichten gesucht. Wohl eine Stunde habe ich damals an seinem Bette gesessen. Nie vorher, seit ich denken kann, war das geschehen. Am Ende wurde vereinbart, daß ich für eine kurze Zeit und bis er von seiner Erkrankung völlig wiederhergestellt sei, eine Art von Stellvertretung des Kaisers übernehmen solle. Ich habe mich bei der Ausübung dieses Amtes völlig zurückgehalten und konnte mich seiner rasch genug ganz entledigen, denn schon nach wenigen Wochen war der Kaiser scheinbar wieder obenauf. – Scheinbar! Denn wie ich schon an anderer Stelle sagte: gesundet ist er niemals wieder von diesem Schlage.»[106]

Lange hält es den Kaiser nicht auf seinem «Schmerzenslager». Auch sein Zusammenbruch ist nicht ohne Schau-Effekt. Bei ihm ist eben *alles groß*, selbst ein Schnupfen, wie er zu seinem Leibarzt sagt, der einen «kleinen» Schnupfen diagnostiziert. In historischer Sicht ist es leider umgekehrt. Seinen Nervenzusammenbruch Ende 1908 hat nicht nur der Kronprinz dramatisiert, die meisten Wilhelm-Biographen meinen, der Kaiser habe diesen «Schuß vor den Bug» innerlich nie ganz verwunden. Mag vielleicht etwas von seiner ohnehin überzogenen Selbstsicherheit abgesplittert sein, äußerlich läuft sein Lebensschiff bald im alten Fahrwasser. Anfang des neuen Jahres ist er wieder an Deck. Als er bei Besichtigungsfahrten von der Bevölkerung umjubelt wird, erklärt er: *Das ganze Volk steht hinter mir*, die Stimmung gegen ihn sei nur *Gezeter von Zeitungsschmieranten und Stänkerei dieser Affen in der Schwatzbude*, das aber, wie er öfter betont hat, ist ihm *ganz wurscht, was die Leute faseln*. Nur einem nimmt er es übel: dem Kanzler. Im Juli 1909 trennt er sich von Bülow, nach außen hin freundschaftlich, aber den «Verrat» wird er ihm nie vergessen. Am eingespielten System ändert der neue Mann Theobald von Bethmann Hollweg nichts, der Apparat ist ja auch noch der gleiche, wie ihn Johannes Haller charakterisiert: «Eine Unwahrhaftigkeit war unser Regierungssystem, das nach außen den Schein einheitlichen Willens erwecken sollte, während drinnen niemand wußte, wer Koch und wer Kellner war, und es mehr oder weniger dem Zufall überlassen blieb, die Diagonale der verschiedenen Willensrichtungen zu ziehen, wo der verantwortliche, angeblich leitende Reichskanzler sich immer wieder damit begnügte, die Suppen auszulöffeln, die andere (am häufigsten S. M.) eingebrockt hatten.»[107] Die «Große Politik» der wilhelminischen Ära auch nur andeutend zu umreißen wäre ein vielfacher Umfang nötig, darum beschränkt diese Monographie sich auf ein kleines Kaiser-Kaleidoskop. Bereits Eulenburg hat über die Lebensform seines Freundes kopfschüttelnd geäußert: «Alle Tage Maskenball» und sich gewundert, daß Wilhelm dieses laute und bunte ewige Einerlei auf die Dauer nicht leid wird. Wie lange ist das her? Zehn Jahre oder einen Tag? Es geht immer so weiter: Paraden, Feste, Besichtigungen! Fahnen und Fanfaren. Glanz und Gloria umranden Wilhelms Weg. Sein Leben –

Oben: Der Kaiser in britischer Uniform (1894) und in der Uniform des russischen 85. Infanterie-Regiments (1908).
Linke Seite: Als Großer Kurfürst und als Johanniter

ein lärmvoller Leerlauf. «Es ist immer was los, und nichts geschieht», lautet im Zimmer eines Geheimrats ein Wandspruch, der im Auswärtigen Amt die Runde macht. Auch die Randbemerkungen von S. M. dienen den Herren als Würze in den öden Bürostunden. Leider sind sie von den Historikern ernst genommen worden und haben viel zu dem Negativbild des Kaisers beigetragen. Lydia Franke hat diese «Aufzeichnungen rein privaten Charakters» in ihrer Dissertation von allen Seiten beleuchtet und gründlich erläutert. Hammanns Bezeichnung «Bleistift-Monologe» ist noch zu hochtrabend. Keine 5 Prozent haben seriösen Anstrich, die meisten sind verbale Rülpser. Um nur einige zu zitieren: *Prosit!, Olle Camellen!, Heller Blödsinn!, Blech, Quatsch, Bodenlos.*[108] Selbst fäkale und sexuelle Ausdrücke sind nicht selten, auch längere Randbemerkungen, mit einer Stellungnahme zu einem Vorgang, tragen den Stempel seines üblichen Umgangstones. Für die byzantinische Hofgesellschaft aber ist alles, was von S. M. kommt, eine Offenbarung. Das katzbuckelt und ergeht sich in Lobpreisungen des Allerhöchsten Herrn und sagt ihm ins Gesicht: «Gegen Eure Majestät war Friedrich der Große ein ganz dummer Junge.» Wie aber sehen ihn die Zeitgenossen, die nicht von seiner Nähe geblendet werden, wie sieht ihn sein Volk?

«Über Wilhelm II. ist schlechterdings bereits alles gesagt worden», beginnt Jules Arren die Einleitung zu seinem 1911 erschienenen Kaiserbuch und fährt fort: «Es gibt keinen Menschen auf der Welt, über den man so widersprechende Urteile gefällt hätte.»[109] Es folgt eine umfassende Blütenlese von Ansichten über den Kaiser, vorsichtshalber im Kon-

«Wir gratulieren Euer Majestät und danken herzlichst für den bisher gelieferten Stoff!» Karikatur

junktiv vorgetragen. In der einfachen Aussage lauten sie so: Er ist seiner Ahnen nicht würdig und ein Alltagsmensch ohne hervorragende Intelligenz. Sein Körper ist durch Mängel ausgezeichnet. Seine künstlerischen Neigungen sind die eines Nero. In ihm lebt die Seele eines nach Öffentlichkeit sich sehnenden Schauspielers. Er ist unfähig, einer bestimmten Lebensregel zu folgen. Seine Umgebung ist vergebens bemüht, Verkehrtheiten zu verhindern. Er hat ein fast krankhaftes Bedürfnis, sich in alles zu mischen. Sein übermütiges Auftreten, sein emporgedrehter Schnurrbart, seine Art, wie er sich auf den Degen schlägt, setzen dem

96

Porträt eines wunderlichen Schreckbildes die letzten Lichter auf. Andere vergleichen ihn mit Lohengrin. Er ist ein nicht in unser Jahrhundert passender Träumer (Moltke: «Er trägt immer ein Stück Mittelalter mit sich herum»). Er kann keine Rede halten, ohne von Gott zu sprechen und durchblicken zu lassen, daß er um seine Geheimnisse weiß. Andere Kritiker behaupten: nichts von alldem! Wilhelm II. ist der modernste Kaufmann. Wenn er fortgeht, um im Orient zu paradieren, so geschieht es nur, um Eisenbahnkonzessionen an sich zu reißen oder Kruppsche Kanonen zu verkaufen. Auf allen seinen Reisen benützt er seinen königlichen Nimbus, um der deutschen Industrie und dem Handel neue Absatzgebiete zu eröffnen. Er verkehrt mit den großen Chefs der Schiffahrtsgesellschaften oder Banken, zum nicht geringen Ärgernis für den preußischen Hof selbst dann, wenn es Juden sind (Ballin und Bleichröder). Nein, sagen andere, er ist ein preußischer Junker, ein Kavallerieoffizier mit allen Vorurteilen und Fehlern dieser militärischen Kaste von Großgrundbesitzern. Er träumt nur von Kavallerieangriffen und Krieg, er ist die größte Gefahr für den Frieden Europas und vielleicht die einzige. Nicht doch, er hat Furcht vor dem Kriege, heißt es in Deutschland. Günstige Augenblicke hat er vorübergehen lassen, Frankreich anzugreifen, zur Unzufriedenheit aller seiner Ratgeber. Er fürchtet, gezwungen zu werden, den Degen zu ziehen. Von der sehr großen Mehrheit des deutschen Volkes aber wird seine Universalität, seine Tätigkeit, sein spontaner Charakter und sein Arbeitseifer unendlich geschätzt, und mit einer ehrerbietigen Bewunderung spricht man von «unserem Kaiser» wie von einem Weltwunder. – Wenn Arren meint, in alldem sei ein Fünkchen Wahrheit, nun, auch ein sehr blindes Huhn findet in dieser geballten Ladung zeitgenössischer Urteile genügend ausgereifte Körner. Immerhin durfte 1911 so etwas gedruckt werden, ebenso wie die – nach der vom Kaiser ausdrücklich befohlenen Mäßigung der Bestimmungen über Majestätsbeleidigung – Angiftungen Maximilian Hardens («Kaiser Hosenvoll») und die Fülle der gar nicht zimperlichen Karikaturen.

Ein Vorwurf gegen Wilhelm ist ungerecht. Zuerst hat ihn Hinzpeter erhoben, der auch sonst schlecht über seinen einstigen Schüler spricht («Zum Repräsentanten taugt er, sonst kann er nichts . . . Er hätte Maschinenschlosser werden sollen»): Faul ist der Kaiser nämlich nicht, im Gegenteil, er ist ununterbrochen in Bewegung, tut immerfort etwas – nur nicht das, was man von ihm erwartet. Fast jeden Tag unterschreibt er über hundert Ernennungsurkunden von Offizieren und Beamten. Während langweiliger Sitzungen kritzelt er Zeichnungen (meist Seeskizzen oder Schiffe) auf Briefumschläge oder Aktendeckel, und die Akten, die er mit seinen berüchtigten Marginalien garniert, muß er ja irgendwann (wenn auch wahrscheinlich flüchtig) gelesen haben. Er nimmt sich nicht einmal zum Essen Zeit. Mit seinem Spezialbesteck (einer an einer Seite als Messer geschliffenen Gabel) «bedient er sich in solcher Geschwindigkeit, daß er seinen Gang sozusagen in ‹Null komma Nix› beendet hat». Da

Der Kaiser mit Leibjäger und Büchsenspanner

abserviert wird, sobald S. M. fertig ist, wird niemand an der Hoftafel satt. Wie viele Stunden er zu Pferde saß, hat noch niemand ausgerechnet. Seine Spaziergänge sind überhaupt nicht zu zählen. Wo er auch immer ist, selbst auf Deck der «Hohenzollern»: die meisten aller offiziellen Vorträge sind ihm im Gehen gehalten worden (auch das kennzeichnet seinen Regierungsstil). Fast alle wichtigen Besprechungen finden im Freien statt, auf Terrassen oder in Parks; von der Reichskanzlei kennt er am besten den Garten. Und er hat ja nicht n u r Unsinn geredet. Seine Entgleisungen sind alle wörtlich aufbewahrt, von seinen vernünftigen Gesprächen wird nur der allgemeine Eindruck wiedergegeben. Auf der «Hohenzollern» (auf der Wilhelm viereinhalb Jahre seiner Regierungszeit verbringt) wird nicht ausschließlich Blödsinn getrieben (des Kaisers unziemliche Scherze beim Frühsport nebst dem Erzählen der neuesten Witze, die von überall her an Bord telegrafiert werden) – er liest auch viel vor, so einmal aus einer englischen Zeitung, im Sprechen flüssig übersetzend, einen Artikel über das Atom. Der Radius seiner Kenntnisse ist enorm, auf den heterogensten Gebieten weiß er – wenn auch oberflächlich – Bescheid. Wo er hinkommt, doziert er, belehrt jeden Fachmann auf seinem Gebiet. Untrüglich ist sein Sinn für Kitsch; Kunst, die er nicht schön findet, ist Abfall. *An dieser Stelle dürfen Sie nicht lachen,* sagt er regieführenderweise zu einer Schauspielerin, *die deutsche Seele ist ernst.*

Sein Germanenstolz ist noch romantisch und frei von fanatischem Rassismus. Daß er für Förderung des Deutschunterrichts eintritt, Real- und Reformgymnasien den humanistischen Anstalten gleichstellt und die Technischen Hochschulen den Universitäten, zeigt ihn fortschrittlich. (Wie Walter Mehring erzählt, kam er oft ins Friedrich-Wilhelm-Gymnasium, um den Primus der Prima in Griechisch zu prüfen.) Als eine bleibende Tat ist ihm die Gründung des Kaiser-Wilhelm-Instituts, das der Grundlagenforschung dienen soll (dem heutigen Max-Planck-Institut in Hamburg), anzurechnen. Aber was er auch unternimmt, alles muß mit Posaunen verkündet werden. Und die byzantinische Presse überpurzelt sich. Von leisen Tönen hält er nichts. «Er ist so diskret wie ein Kanonenschuß» (E. Reiners), und zwar zu jedermann, auch seinen Kollegen auf dem Thron.

Wilhelms Verhältnis zu «Onkel Edward» ist ein Buch für sich. Von den Segelregatten in Cowles, wo der junge Kaiser dem Prinzen bis 1895 die Schau stiehlt (bis der marinebesessene Monarch diese repräsentative, aber kostspielige Sportveranstaltung als «Kieler Woche» nachahmt), bis zum Tode des britischen Königs ärgern sich die beiden, wo sie nur können. Auch hier zeigt sich, wie private Motive politische Konstellationen beeinflussen. Der deutsche Kaiser hat nie begriffen, daß Edward nur der gekrönte Präsident einer parlamentarisch regierten Demokratie war. Nebenbei: wenn Edward auch erst mit 60 Jahren auf den Thron gelangte, als «Prince of Wales» war er der Modekönig seiner Zeit. Auch er zog sich oft fünfmal am Tag um, allerdings in Zivil. (Daß heute noch der unterste Knopf des Herreneinreihers nicht zugeknöpft wird, rührt daher, daß Edward es einmal zu tun vergessen hatte.)

Bis zu sechsmal am Tag die Uniform zu wechseln ist keine Kleinigkeit, besonders für einen Krüppel. Das Modellstehen für Porträts (Fotografen ständig, Malern gelegentlich) will auch bewältigt sein. Die meiste Zeit aber widmet S. M. der Jagd, eine seiner beiden großen Leidenschaften, für die er Strapazen erträgt, die ein Mensch nur auf sich nimmt, wenn er mit vollem Einsatz und Eifer bei der Sache ist. *Gott weiß, mit welcher Lust ich dem edlen Waidwerk gehuldigt habe, und immer wenn die Zeit kommt, da die Hirsche im Walde schreien, so möchte ich zur geliebten Büchse greifen und auf die Pirsch gehen!*[110] schreibt er wehmutsvoll in Doorn. Kein schönes Kapitel, Wilhelms Jagdmanie, der er von Jugend an verfallen ist! Sein erstes Wild war ein Vogel (Fasan). Mit siebzehn Jahren schießt er seinen ersten Hirsch. Die Protokolle seiner Jagdergebnisse sind ein erschreckendes Zeugnis für die Mentalität der Epoche; erregten sie doch allgemeine Bewunderung. Auf einer «Kaiserjagd» im Revier des Fürsten Lichnowski entfielen auf die Strecke von Majestät: 1224 Fasane, 10 Hasen, 2 Eulen (und das von 12 Uhr mittags bis $^1/_2$ 4) Ein andermal erlegt der «deutsche höchste Jagdherr» 1 Zweiundzwanzigender (Geweihgewicht 9$^1/_2$ Kilo), 1 Zwanzigender, 2 Achtzehnender, 1 Sechzehnender, 2 Vierzehnender, 2 Zwölfer, 1 Zehner und einen Bock.[111] Stolz verkündet der «Reichsanzeiger», sobald S. M. wieder einmal eine neue Rekordzahl erreicht hat. Davon abgesehen, daß es jeden rechten Weidmann schaudert, wie das arme Wild dem Obersten Schießer vor die Flinte getrieben wird – Hunderttausende von Tieren töten, ist das noch Sport? Berauscht ihn Blut, oder will er auch hier nur beweisen, daß er der Größte ist? Ein Thema für Psychiater.

Und schließlich hat er auch noch eine Frau und sieben Kinder, um die er sich kümmern muß. Dona hängt an ihm wie eine Klette, einer der Gründe, warum er so selten zu Hause ist. Die Kaiserin ist, rundheraus gesagt, ein «Landei»; so prüde, daß sie den Namen «Paris» nie ausspricht, ohne sich zu bekreuzigen. Mit ihren bigotten Hofdamen, den Gräfinnen Keller und Brockdorff und Frl. von Bernstorff, den drei «Hallelujatanten», nebst ihrem Kammerherrn von Mirbach («Glocken-August») läßt sie Kirche um Kirche erbauen. Daß die Kapitalien, zwölf Millionen in fünfzehn Jahren, ohne ihr Wissen im Kuhhandel gegen Titel und Orden besorgt werden, wird zum Skandal, als es herauskommt. Die Majestäten haben zwar ein gemeinsames Schlafzimmer, aber dies ist so ziemlich alles. Er schenkt ihr zu jedem Geburtstag zwei neue Federhüte, gibt ihr in kleinen Dingen nach, um Ruhe zu haben, feiert bürgerlich brav deutsche Weihnachten mit der Familie; im übrigen fühlt er sich wohler ohne sie. Für seine Söhne hat Wilhelm wenig Zeit, auch keine betont väterliche Zuneigung. Er besucht sie, wenn sie auf den Kadettenanstalten sind.

Mit seinen sechs Söhnen auf dem Weg zum Zeughaus, Neujahr 1914. Von links nach rechts: der Kaiser, Kronprinz Wilhelm, Prinz Eitel Friedrich, Prinz Adalbert, Prinz August Wilhelm, Prinz Joachim und Prinz Oskar

Hochzeitstag: Prinz Ernst August von Braunschweig und Prinzessin Viktoria Luise auf der Fahrt zum Königlichen Schloß

Sobald sie erwachsen sind, werden sie für ihn «Mitglieder des Hauses Hohenzollern». Daß ihm der Älteste den üblichen Kronprinzenärger bereitet, ist geschichtsbedingte Situation; außerdem werden sich ein Puritaner und ein Playboy nie gut verstehen. Zur einzigen Tochter, zu Viktoria Luise, ist er, als dem Nesthäkchen, herzlicher. Sie ist aber auch ein Musterbild von Prinzeßchen, bildhübsch, lebendig und lustig und darf den Mann heiraten, den sie liebt. Ihre glanzvolle Hochzeit mit Prinz Ernst August von Braunschweig ist das Fest der Feste des Jahres, in dem Deutschland am schönsten ist: 1913. Die Jahrhundertfeier der Befreiungskriege und das fünfundzwanzigjährige Regierungsjubiläum Kaiser Wilhelms II. sind Anlaß genug, die patriotischen Wellen hochschlagen zu lassen. Zwar sind die Sozialdemokraten die stärkste Fraktion im Reichstag, und die neue Wehrvorlage wurde mit knapper Not über die Bühne gebracht, so daß der ungeduldige Wilhelm nach der Annahme ungnädig äußert: *Na, das hat aber lange gedauert!* Es klingt auch nicht erfreulich, was Churchill im englischen Parlament gegen die Deutschen hervorbringt. Frankreich führt, als Antwort auf die Vergrößerung des Reichs-Heeres, die dreijährige Dienstzeit ein, und In- und Ausland empört sich über die «Zabern-Affäre». In dem kleinen Elsaß-Städtchen hat ein Lümmel von neunzehnjährigem Leutnant beim Rekrutenunterricht gesagt: «Wenn du einen Wackes zusammenstichst, erhältst du keine zwei Monate; für jeden Dreckswackes, den du mir bringst, erhältst du zehn Mark.» Es hagelt Proteste, es gibt Verhaftungen von Zivilisten im Elsaß, Ausschreitungen, beschämende Kriegsgerichtsverhandlungen, Debatten im Reichstag und ein Telegramm des Kronprinzen. Den Wortlaut: «Feste druff» hat er später geleugnet; zustimmend war der Text. Die Weltpresse nimmt den dummen Ausspruch eines Monokelschnösels, der nicht nur straffrei ausgeht, sondern sogar noch belobt wird, zum Anlaß, den deutschen Militarismus anzuprangern. Auch der Kaiser stellt sich vor den Träger seiner Uniform, ausnahmsweise verhältnismäßig zurückhaltend. Doch was vermögen ein paar Wolken gegen den heiteren Himmel, der über Deutschland strahlt? Ganz Deutschland flaggt. «Berlin feiert und jubiliert noch immer. Vom frühen Morgen ziehen Vereine, Innungen, Studenten usw. mit Musikkorps und Fahnen durch die Straßen, vollführen einen Mordsspektakel und sperren jeglichen Verkehr.»[112] Die Hauptstadt des Deutschen Reiches feiert den Friedenskaiser.

MEIN AMT IST AUS

> «Die Geschichte, das heißt das unbewußte,
> allgemeine Massenleben der Menschheit,
> nutzt jeden Augenblick im Leben eines
> Herrschers für sich aus, als Werkzeug zur
> Erfüllung ihrer Zeit.»
>
> Tolstoj

«Für uns Nachfahren, die wir keine Historiker sind und uns nicht durch
den Forschertrieb hinreißen lassen, weshalb wir mit ungetrübten Sinnen
überschauen, was geschehen ist, gibt es für diesen Krieg eine ungezählte
Menge Gründe. Für sich allein genommen erscheint uns jeder einzelne
gleich richtig und gleich falsch, wenn wir die Nichtigkeit jedes einzelnen
mit der Gewalt des Geschehens vergleichen. Der Urgrund ist, daß alles so
kommen mußte, wie es gekommen ist. Millionen von Menschen mußten
also, alle ihrer Menschengefühle und alle ihres Menschenverstandes bar,
ihresgleichen totschlagen. Die sogenannten Persönlichkeiten aber sind
bei den historischen Ereignissen nicht mehr als Etiketten, die, wie alle
Etiketten, mit dem, was sie anpreisen, in Wirklichkeit wenig zu tun
haben.» Was Tolstoj in «Krieg und Frieden» über den Beginn von Napoleons unseligem Rußland-Feldzug schrieb – gilt es nicht in gleichem
Maße für den Ersten Weltkrieg? Die Literatur über den Weltkrieg und
seine Vorgeschichte ist unübersehbar. Die Zeittafel weist auf nennens-
werte Daten in der Zeit vom 28. Juni 1914, dem Tag des Mordes am
österreichischen Thronfolger Franz Ferdinand, bis zur Schicksalsstunde
am Abend des 1. August hin. Zwei populäre Bücher schildern die Vorgänge ausführlich: Emil Ludwigs «Juli 14» und Barbara W. Tuchmanns
«August 1914». Ein Film voller unwahrscheinlicher Begebenheiten rollt
vor uns ab, deren Details uns das Gewirr von Intrigen, Unvermögen,
Unterlassungssünden, böswilligen Verzögerungen, vor allem aber eine
unfaßbare Ahnungslosigkeit der Verantwortlichen enthüllen. Keine
noch so exakte Darstellung von Fakten und Daten kann aber das Irrationale erfassen, das die Welt aus den Fugen geraten ließ. «Ein entseeltes,
übermechanisiertes Europa, worin jeder Mensch jedes Menschen Feind
war, jedes Volk jedes Volkes Feind, in ahnungsloser, schamloser Selbst-
verständlichkeit; wo jeder, Mensch und Land, in tierischer Unbefangen-
heit nur genießen und leben wollte, wenn der andre sich quälte und starb,
wo alle Politik zugestandenermaßen nur Wirtschaftspolitik war, nämlich
plumper und dummdreister Versuch der Übervorteilung, oder Rü-
stungspolitik, nämlich zynisches Pochen auf Menschenüberschuß, Geld,
Technik und Massendisziplin; wo die Begriffe der Vorherrschaft zur See,
der Vorherrschaft zu Lande, der Weltherrschaft mit Augenaufschlag
besprochen wurden, als ob es sich . . . nicht um das todeswürdigste
Verbrechen handelte: in diesem unglücklichen und nichtswürdigen Europa brach der Krieg nicht am 1. August 1914 aus.» [113]

In Konopitsch treffen sich im Juni zwei Jagdfreunde: der deutsche Kaiser und der österreichische Thronfolger. Sie besprechen die Weltlage. Franz Ferdinand ist pessimistisch: ein Krieg mit Rußland sei das Ende der Donaumonarchie. Er ist ein unangenehmer Mensch, Autokrat und Reaktionär, aber er meint, der Vielvölkerstaat lasse sich nur zusammenhalten, wenn man für die einzelnen Völker ein gewisses Maß von Verständnis zeige. Nach erfolgreicher Jagd trennen sich die befreundeten Fürsten: Wilhelm fährt nach Kiel, Franz Ferdinand nach Sarajewo. Während einer Segelregatta erfährt der Kaiser von dem Attentat. Sofort läßt er das Rennen für diesen Tag absagen und reist am anderen Morgen nach Berlin. Seine Äußerungen in den nächsten Wochen sind so widersprüchlich – er fällt von einem Extrem ins andere –, daß sich, je nachdem, wie man die Dokumentation sortiert, willkürlich belegen läßt: er hat einen Präventivkrieg angestrebt, er hat ihn nicht gewollt. Fest steht: er ist ein Zerrissener in dieser Zeit. Fürstenmord ist für ihn ein Verbrechen, das unbedingt Sühne heischt. Daß der Zar jemals das politische über das dynastische Prinzip stellen könnte, hält er nicht für möglich. Bis buchstäblich zur letzten Minute wird er mit seinem Vetter um den Frieden ringen.

In Berlin herrscht Ferienstimmung. Der Kanzler ist auf seinem Gut, Staatssekretär Jagow auf Hochzeitsreise, Generalstabschef Moltke und Tirpitz machen Urlaub und Graf Szögenyi, seit Jahrzehnten österreichischer Botschafter in Berlin, ein alter, liebenswürdiger «Aristokretin» Wiener Prägung, ist völlig durcheinander, weil seine Frau in Heringsdorf lebensgefährlich erkrankt ist. Wilhelm residiert in Potsdam und empfängt Graf Hoyos als Sonderbeauftragten des Kaisers Franz Joseph im Park des neuen Palais und nimmt die geheimen Informationen vom Ballhausplatz in Wien zur Kenntnis. So, bei Kaffee und Zigarren plaudernd, fällt die Entscheidung über das Schicksal Europas. Wilhelm II. versichert dem Österreicher, «daß er es bedauern würde, wenn Österreich-Ungarn den jetzigen für sich so günstigen Moment ungenützt ließe». Ein Brief an Kaiser Franz Joseph tut das übrige. Der deutsche Kaiser hat sein Wort gegeben, bedingungslos, treu dem Bündnis, an Österreichs Seite zu stehen. Komme, was wolle? Ist er sich am 4. Juli aller Konsequenzen bewußt? Glaubt er an einen begrenzten Sühnefeldzug gegen Serbien? In dieser Stunde hat er bewiesen, daß er den Titel Kaiser führt, ohne ein Herrscher, geschweige Staatsmann zu sein. Hier hat er auch gegen das Grundgesetz verstoßen, denn er gibt die Blankovollmacht ohne Zustimmung des Kanzlers aus der Hand. Gut, er durfte ihrer sicher sein. Bethmann Hollweg legt auch kein Veto ein, als er, von seinem Landgut gerufen, die Entscheidung seines Herrn vernimmt, die er für rechtens hält. Um nicht den Eindruck zu erwecken, man messe der Balkangeschichte allzu große Bedeutung bei, rät der Kanzler dem Kaiser, seine gewohnte Nordland-Reise nicht aufzugeben, ein Rat, den Wilhelm nur zu gern befolgt. Der Oberste Kriegsherr hat noch eine Besprechung mit Vertretern der Admiralität und des Generalstabs, deren abwesende

Chefs er nicht bemüht. Einen Kriegsrat ruft er nicht ein. Dann atmet er auf und verabschiedet sich. In den nächsten drei Wochen auf der «Hohenzollern» geht es nicht so vergnügt zu wie gewohnt. Die Nervosität des Kaisers steigert sich. Er steht oft allein an der Reling und starrt auf das Meer hinaus. Er macht sich keine Illusionen. Freunde hat er nicht in der Welt, die sich einig ist gegen sein Reich. Deutschland ist verhaßt. Hat er sich jemals Gedanken darüber gemacht, wie es dazu kam und daß er an diesem Zustand nicht unschuldig ist? Die andere Leidenschaft, die ihn, außer der Jagd, ja mehr noch als sie, von Kindheit an beherrschte, seine Liebe zur See, zur Marine, wurde sein Verhängnis, um so mehr, als ein Mann sie bestärkte, um sie für seine ehrgeizigen Zwecke zu benutzen: Tirpitz, der Admiral mit dem gespaltenen Spitzbart und der gespaltenen Zunge («Vater der Lüge» hat ihn Eckardstein getauft). Ein genialer Organisator und ein noch großartigerer Propagandist. Sein Wahlspruch: «Ziel erkannt, Kraft gespannt» läßt ihn als Realpolitiker unter lauter Traumtänzern erscheinen. Mit eiskaltem Kalkül infiltriert er durch Tausende von Marine-Zeitungen und Flottenvereinen seine Ideen bis ins kleinste Dorf. Wir brauchen eine starke Flotte, um unsere Kolonien zu schützen: die Kolonialbegeisterung ein siamesischer Zwilling der Flottenschwärmerei! Beide hat auch der Kaiser immer wieder entfacht, in zahlreichen prahlerischen Reden. *Der Ozean ist unentbehrlich für*

Wilhelm II. und der Thronfolger Erzherzog Franz Ferdinand von Österreich in Konopitsch, Juni 1914

Deutschlands Größe. Aber der Ozean beweist auch, daß auf ihm in der Ferne, jenseits von ihm, ohne Deutschland und ohne den deutschen Kaiser keine große Entscheidung fallen darf. Das hat er bereits am 3. Juli 1900 gesagt, noch bevor die Großmannssucht das erste Panzerschiff vom Stapel laufen ließ. Als «Schöpfer der deutschen Flotte» gaukelt Tirpitz Wilhelm vor, daß er mit ihr – so wie des Kaisers Ahnen durch die Schaffung einer großen Armee – «Deutschland für alle Zeiten einen Frieden mit Ehren gegen alle denkbaren Gegner sichern würde». Einsichtigen Ermahnungen gegenüber stellt Wilhelm II. sich taub. Namentlich Ballin, der «das voraussichtliche Ende mit Schrecken der Tirpitz-Politik» kommen sah, bemühte sich, als Freund des Kaisers, in England beruhigend und ausgleichend zu wirken – leider umsonst. Eine rationale Erklärung für den Flottenbau gibt es nicht. Real betrachtet läßt sich erkennen: durch Wilhelms Lavieren zwischen London und St. Petersburg, seine Haßliebe gegen England, deren Wurzel in seinem Verhältnis zu seinem Onkel Edward zu suchen ist, hat der Kaiser die «Einkreisung Deutschlands», die ihm zum Trauma wird, selbst hervorgerufen. Die «Kaiserliche Flotte», sein «liebstes Spielzeug», wurde sein Verderben. Und hier ist die Grenze dessen überschritten, was einem Monarchen gestattet sein darf,

Wilhelm II. und Edward VII. bei der Kieler Regatta, 1904

denn das Endergebnis dieser erhabenen Marotte waren Millionen Grä-
ber. Churchill hat es nüchtern ausgesprochen: «Die Hämmer, die auf den
Werften von Kiel und Wilhelmshaven erklangen, schmiedeten die Koali-
tion, der Deutschland erlag.» 25 Jahre lang glückte es Wilhelm II., sein
Image als Friedenskaiser aufrechtzuerhalten. In mehreren Balkankrisen
war er es, der Österreich zurückhielt. Warum versagt er 1914? Weil die
Zeit reif ist, weil er, als Seismograph, der die Schwingungen der Volks-
seele aufnimmt, sich den geheimen Wünschen der Masse beugt. Privat
zittert er. Die furchtbare Ahnung, der kommende Krieg führe zum Ende
der Monarchie, ängstigt ihn. Er sieht bleich und verstört aus, als er am 27.
Juli nach Berlin zurückkehrt. Seine Depression äußert sich in den letzten
Friedenstagen: *Mein Amt ist aus.* Er spürt: seine Zeit ist vorbei und
spricht bona fide *von einer Welt von Feinden,* für die er als Person
Weltfeind Nr. 1 geworden ist. Das hat er erreicht mit seiner Kraftprotze-
rei, daß er für das Ausland die Inkarnation des Bösen vorstellt! Wie
verhaßt er in Frankreich ist, erhellt ein Erlebnis von Stefan Zweig im
Frühjahr 1914. In der kleinen Stadt Tours geht er ins Kino. Es läuft die
Wochenschau. Nach einer französischen Militärparade, an der das Publikum wenig Anteil nimmt, wird als nächstes Bild «Kaiser Wilhelm besucht Kaiser Franz Joseph in Wien» gezeigt. Man sieht, wie die Tür des
Salonwagens sich öffnet und «den Schnurrbart hoch gesträubt, in österreichischer Generaluniform, Wilhelm II. heraussteigt. In diesem Augenblick, da Kaiser Wilhelm im Bilde erschien, begann ganz spontan in

dem dunklen Raume ein wildes Pfeifen und Trampeln. Alles schrie und pfiff, Frauen, Männer, Kinder höhnten, als ob man sie persönlich beleidigt hätte. Die gutmütigen Leute von Tours, die doch nicht mehr wußten von Panik und Welt, als was in ihren Zeitungen stand, waren für eine Sekunde toll geworden. Ich erschrak. Ich erschrak bis tief ins Herz hinein. Denn ich spürte, wie weit die Vergiftungen durch die seit Jahren und Jahren geführte Haßpropaganda fortgeschritten sein mußte, wenn sogar hier, in einer kleinen Provinzstadt, die arglosen Bürger und Soldaten bereits dermaßen gegen den Kaiser, gegen Deutschland aufgestachelt worden waren, daß selbst ein flüchtiges Bild auf der Leinwand sie schon zu einem Ausbruch verleiten konnte. Es war nur eine Sekunde, eine einzige Sekunde. Als dann wieder andere Bilder kamen, war alles vergessen. Die Leute lachten über den jetzt abrollenden komischen Film aus allen Bäuchen und schlugen sich vor Vergnügen auf die Knie, daß es krachte. Es war nur eine Sekunde gewesen, aber doch eine, die mir zeigte, wie leicht es sein könnte, im Augenblick ernstlicher Krise die Völker hüben und drüben aufzureizen trotz allen Verständigungsversuchen, trotz unseren eigenen Bemühungen.» [114]

Der Kaiser tritt vor sein Volk. Vom Balkon des Schlosses spricht er bewegte und bewegende Worte, sagt auch, daß er den Parteien, die gegen ihn waren, jetzt verzeihe. Und zum Schluß: *Jetzt geht heim und betet!* Und die Menge singt einen Choral. Ein kaiserfreundlicher Journalist warnt den Pressechef Hammann: der linke Flügel der SPD, die «vaterlandslosen Gesellen», wollen sich im Reichstag gegen die Kriegskredite sperren und «alte Kamellen» auskramen wie *Ihr müßt auf Vater und Mutter schießen!*. Sogleich macht Hammann dem Kanzler Meldung; beide werden beim Kaiser vorstellig: es müsse etwas geschehen, um den Brüdern den Wind aus den Segeln zu nehmen. S. M. müsse etwas Patriotisches, Versöhnliches sagen. So ist es zu der Formulierung gekommen, die dann, millionenfach auf Postkarten mit Kaiserbild verbreitet, zum besten Beschwichtigungsmittel wurde: *Ich kenne keine Parteien mehr, ich kenne nur noch Deutsche.* [115]

Wie sehr Wilhelm II. sich bis fünf Minuten vor zwölf an die irre Hoffnung klammert, der Kelch des Krieges möge an ihm vorübergehen, zeigt auch, daß er am Nachmittag des 31. Juli, statt die Mobilmachung ehrlich zu erklären, etwas erfindet, was es in der Kriegsgeschichte noch nicht gegeben hat: den «Zustand drohender Kriegsgefahr». In der gleichen Stunde, in der die Proklamation in Berlin bekanntgegeben wird, erscheint ein Extrablatt mit fetten Lettern: «MOBILMACHUNG!» Blitztelegramm der russischen Botschaft nach St. Petersburg. Staatssekretär Jagow rast ans Telefon, fordert von der Redaktion sofortiges Zurückziehen der Falschmeldung, unterrichtet den russischen Botschafter, der das Dementi weitergibt. Doch dieses Telegramm kommt mit erheblicher Verspätung ans Ziel. Das Extrablatt dient der russischen Regierung als zusätzlicher Vorwand für die längst beschlossene sofortige Mobilmachung. Was nützen da noch die beschwörenden, verzweifelten illusorischen Telegramme zwischen Willi und Nicki? Der Draht ist abgerissen, sie wissen es nur noch nicht. Das «Berliner Tageblatt» berichtigt sich in ihrer nächsten Nummer mit der fadenscheinigen Ausrede: ein untergeordneter Redakteur sei falsch unterrichtet worden. Ein Informant wird von der Presse prinzipiell nicht preisgegeben. In diesem Fall ist er inzwischen bekannt geworden: er heißt Wilhelm von Hohenzollern. Der Kronprinz bedauert, selbst einem Irrtum zum Opfer gefallen zu sein. Wer nimmt ihm das ab? Er, der Nächste nach dem Obersten Kriegsherrn, selbst zum Führer einer Armee bestimmt, soll nicht genau Bescheid gewußt haben? [116] Die SPD hat, wie bekannt, die Kriegskredite schließlich doch bewilligt. Der rasche Wechsel von «Marx zu Mars» (Tuchmann) ist bis heute ein Streitfall geblieben. Um jedoch zu demonstrieren, daß sie widerwillig «Ja» gesagt haben, bleiben die Genossen der feierlichen Reichstagseröffnung am 4. August fern. Ein Artikel im «Berliner Tageblatt» beschreibt «Die Stunde im weißen Saal»: Der Kaiser «kommt, wie es die Stunde fordert, in Felduniform, mit braunen Stulpenstiefeln, als Soldatenkaiser. Drei Hurras. Schweigen . . . Der Kaiser (ruft): *Mit schwerem Herzen habe ich meine Armee mobilisiert . . . Uns treibt nicht Eroberungslust, uns beseelt der unbeugsame Wille, den Platz zu wahren,*

Mobilmachung: 1. August 1914

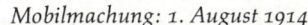

auf den Gott uns gestellt hat! – In aufgedrungener Notwehr, mit reinem Gewissen und reiner Hand ergreifen wir das Schwert, fest und treu, ernst, ritterlich, demütig vor Gott und kampfesfroh vor den Feinden! Das ist Preußenstil. Jeder Satz hebt die Stimmung. Heute reißt der Kaiser den Reichstag hin. Und mit einem Male legt er das Blatt fort, rückwärts auf den Thron, und redet frei: *Sie haben gelesen, meine Herren, was ich zu meinem Volke vom Balkon des Schlosses aus gesagt habe. Ich wiederhole, ich kenne keine Partei mehr, ich kenne nur Deutsche* (Stürmisches Bravo!), *und zum Zeugen dessen, daß Sie fest entschlossen sind, ohne Parteiunterschiede, ohne Standes- und Konfessionsunterschiede zusammenzuhalten, mit mir durch dick und dünn, durch Not und Tod zu gehen, fordere ich die Vorstände der Parteien auf, vorzutreten und mir dies in die Hand zu geloben. –* Diese Worte rissen die ergrauten Männer hin. Die Hurrahs und Hochs endeten nicht. Das Zeremonielle war vergessen, man war nicht mehr im Weißen Saal, und während die Führer aller Parteien, mit Ausnahme der nicht anwesenden Sozialdemokraten, vortraten und ohne tiefe Hofverbeugung dem Kaiser die Hand reichten, war mit einem Male das Symbol für den hohen Sinn dieser Stunde gefunden.» Verfasser des Artikels: Emil Ludwig, der auch ein As unter den Kriegsberichtern wird.[117]

In London schreibt Sir Edward Grey in sein Tagebuch: «In Europa gehen die Lichter aus, wir werden sie in unserem Leben nie wieder leuchten sehen.» Die Welt wird grau. Feldgrau. Aber kaum einer unter Millionen merkt das im Rausch des Aufbruchs. Eine irrationale Begeisterungswelle überspült jede Vernunft. Bürger, Bauern und Arbeiter, alle – die ganze Nation begrüßt den Krieg wie eine Befreiung vom Joch des Alltäglichen. Und der Geist versinkt in Ohnmacht; ja, die Lehrer des Volkes stehen auf wie ein Mann und halten die Fahne hoch, und die Dichter waten in Tinte und Blut. Mit stolzgeschwellter Brust marschiert der deutsche Soldat in den heiligen Kampf. Nicht schnell genug können die jungen Männer an die Front kommen. Und so ziehen sie hinaus – ein jeder «Gott mit uns» auf seinem Koppelschloß –, ziehen ins Feld und singen: «Lieb Vaterland magst ruhig sein!» und «Gloria, Viktoria» – bis allzubald Ludwig Uhlands altes Lied das meistgesungene wird: «Ich hatt' einen Kameraden». Und mit dem Herbst erscheinen in der «Woche», der «Berliner Illustrirten» und in den Tageszeitungen Annoncen: «Elegante Trauerkleider», «Invaliden- und Krankenstühle», «Das beste Kunstbein der Welt». Professor Brett aus Marburg aber schreibt am 3. Dezember 1914: «Der deutsche Militarismus ist doch wertvoller als das ganze Völkerrecht.»

Die größenwahnsinnigen Kriegsziele der Alldeutschen konkurrieren mit der Kampfgier der Generale, die, nach lebenslanger beruflicher Stagnation, endlich an den Feind kommen wollen, um den Rüstungstrust der Welt, Krupp, Schneider-Creusot, Vickers, Maxim und Škoda kaum zu bewältigende Aufträge zu verschaffen. Rechtzeitig zu Kriegsbeginn wird eine Amnestie erlassen. Verbrecher sind jetzt reif für das Ehrenkleid. Der Kaiser braucht Soldaten. Über Nacht sind Millionen feldgrau eingekleidet (die Franzosen treten zuerst noch in ihren roten Hosen an), dafür ist vorgesorgt, nicht aber für die Volksernährung. Vom Kaiser bis zum jüngsten Rekruten, jedermann ist überzeugt: im Herbst, spätestens zu Weihnachten sind wir wieder daheim. Also hat auch keine Behörde sich darüber den Kopf zerbrochen, was geschehen soll, sobald die Lebensmitteleinfuhr durch die Blockade abgeschnitten sein wird und die Rohstoffquellen aus Übersee nicht mehr fließen. Nur ein Jude hat daran gedacht: ein sozialer Multimillionär, Nationalist und Pazifist in einer Person: Walther Rathenau. «Auf seinen Vorschlag hin wurden gerade noch rechtzeitig, um die Versorgung der Truppe und Bevölkerung sicherzustellen, alle vorhandenen Lager an Rohstoffen zugunsten der Kriegswirtschaft erfaßt, eine der genialsten organisatorischen Leistungen der neueren Geschichte, jenseits von der Frage, ob das, von einer höheren Warte aus gesehen, richtig oder falsch war.» [118] Ein Deutscher hat zwar das Pulver erfunden, der Generalstab aber hat anscheinend vergessen, daß man es zum Schießen und zu seiner Herstellung Salpeter braucht, das jetzt aus Chile nicht mehr ins Land kommt. Woher also nehmen? Aus der Luft? Tatsächlich: ein deutscher Professor entdeckt das unmöglich Scheinende, aus der Luft Salpeter zu gewinnen. Und auch Dr. Haber ist Jude.

Die schlimmste Unterlassungssünde: es existiert keine aktuelle strategische Konzeption für diesen Krieg. «Die hilflose Einseitigkeit des Generalstabes hatte keinen andern Aufmarschplan anzubieten als den Schlieffenplan, der 1905 konzipiert worden war, als man einen Konflikt mit Frankreich wegen Marokko, aber keinen mit Rußland wegen Serbien hatte. Der Krieg wurde begonnen, obwohl die Voraussetzungen völlig umgestürzt waren.» [119] (Buchheim) 113 Uniformänderungen hat sich der Oberste Kriegsherr im Laufe der Jahre ausgedacht, die Grußformen der Marine neu reglementiert, um jeden Quark hat er sich gekümmert – nur um die Hauptsache nicht! Jetzt, im Ernstfall, versagt er vollkommen. Bevor sich S. M. an die «Front» begibt, also in das Große Hauptquartier (das die Bezeichnung, seines Personalumfangs wegen, zu Recht führt) in das mit asiatischer Pracht ausgestattete Schloß des ihm befreundeten Ehepaares Pleß, verabschiedet er das 1. Garderegiment zu Fuß, in das er als Zehnjähriger eintrat, mit einer schneidigen Ansprache. Nach drei *Drei Hurras auf unser Heer* holt der Kaiser Luft und fügt, sozusagen von Kamerad zu Kamerad, hinzu: *Und jetzt wollen wir sie dreschen!* – ein Wort, das zahlreiche Zeichner zur Vorlage für lustige Propagandakarten benutzten.

Anfang August bewirbt sich ein General a. D. – frühzeitig pensioniert, angeblich weil er es gewagt hatte, in einem Kaisermanöver den «Obersten Kriegsherrn» zu besiegen – um Wiedereinstellung im Heer. Er schreibt, aus seiner Wohnung in der Wedekindstraße in Hannover: «Ich schäme mich, über die Straße zu gehen», er müsse unverschuldet zu Hause hocken, «obwohl ich mich körperlich und geistig durchaus frisch fühle. Paul von Hindenburg.» [120] Einen Monat später ist sein Name in

«Nun wollen wir sie dreschen!» Hindenburg mit dem Dreschflegel. Zeichnung von Ernst Barlach

aller Munde, sein Bild bald an jeder Wand. Der Sieger von Tannenberg, der die russische Dampfwalze aufhielt, der die Kosaken in die Masurischen Seen trieb, wird zum Nationalhelden. Mächtig wächst seine Vaterfigur empor, Wilhelms Stern erlischt. Dona beschwert sich, daß die Illustrierten immerfort Bilder von «irgendwelchen berühmten Generalen» bringen und keines mehr vom Kaiser. Noch weiß Wilhelm II. nicht, daß er einmal zwischen dem «Bismarck-Mythos» und dem «Hindenburg-Mythos» nicht als «deutsche Steinfigur» dastehen wird, sondern allenfalls als ein «Fabeltier unseres Jahrhunderts». Wohl aber stößt es ihm ärgerlich auf, daß seine Popularität rapide sinkt. Das hindert ihn nicht, seinen gewohnten Lebensstil fortzusetzen, selbstverständlich den Kriegsumständen Rechnung tragend! In den späteren Frontquartieren wird – was ihm nichts ausmacht, da er stets einfach gegessen hat – Soldatenkost serviert – auf dem Feldgeschirr von Friedrich dem Großen. Eine Sequenz von Schnappschüssen, willkürlich aus Hunderten von

Zeugnissen ausgewählt, die alle den gleichen Tenor haben, mag genügen, um den «Kaiser im Felde» vorzuführen.

Als er stark erkältet ist, mault er wie ein kleiner Junge: *Das habt ihr davon, daß ihr mich herumhetzt, jetzt bin ich wieder zusammengebrochen.*[121] – «Vormittag 1½ Stunden Aufenthalt in Elbing. S. Majestät beschloß plötzlich einen Besuch auf der Schichau-Werft und bediente sich dazu der elektrischen Straßenbahn, ohne daß der betreffende Wagen dem Publikum vorenthalten wurde. Geh. Kommerzienrat Ziese führte durch die in reger Tätigkeit befindlichen Werke, die auch 1600 russische Gefangene beschäftigten. Viele große und kleine Torpedoboote im Bau, auch zwei U-Boote . . . viel weibliche und Kinderarbeit.»[122] – «S. M. liest einen langen Bericht über Sprachforschung in englischen Gefangenenlagern, erzählt bis 11 Uhr urkomische Erlebnisse vom englischen Hof. Der Krieg ist ganz Nebensache.»[123] – «Abends Abreise nach Berlin. Unterhaltung im Speisewagen. Der Kaiser will das Gesellschaftsleben in Berlin nach dem Kriege reformieren. Die Mitglieder der hohen Aristokratie sollen sich wieder Palais anschaffen. Das Gesellschaft-Geben in den Hotels werde der Kaiser verbieten. Dann ließ der Kaiser einen längeren Artikel über die Notwendigkeit der Hebung des Fahrsportes in Berlin vorlesen. Und das in so schwerer und ungewisser Zeit!»[124] – «Der Kaiser macht eine Schwitzkur durch. Abends kommt er mit ¾ Stunden Verspätung in den Salon mit den Worten: ‹Amerika hat mit uns gebrochen›. Dann gibt er mir das betreffende Telegramm, das den Abbruch der diplomatischen Beziehungen meldet, zum Vorlesen. Es ist alles sehr betreten.»[125]

Mit dem ersten US-Soldaten, der französischen Boden betrat, hat Amerika Fuß gefaßt in Europa und seitdem fortschreitend ihren Einfluß auf den Kontinent ausgeübt, nicht zuletzt auf Deutschland, politisch, weit mehr noch wirtschaftlich. Der 4. und der 9. April 1917 sind zwei Tage, die die Welt veränderten. In einer Woche wurden durch deutsche Militärs und Diplomaten ahnungslos die globale Machtsituation initiiert, von denen heute unsere Existenz abhängt. Am 9. April fuhr ein Sonderzug von Zürich durch das Deutsche Reich nach Stockholm, um russische Revolutionäre in ihre Heimat zu schleusen. Einer von ihnen war Lenin. «Der große Organisator, der mit Recht von den Sowjets als Gründer ihres Staates gefeiert wird, sozusagen der erste und einzige Heilige der roten Welt, wäre als ohnmächtiger Emigrant in Zürich verkümmert, hätten die Deutschen es ihm nicht ermöglicht, seine große Rolle in der Weltgeschichte zu spielen», schreibt Sebastian Haffner in seiner Schrift «Die sieben Todsünden der Deutschen»[126], und Churchill: die Deutschen seien gegen Rußland «mit der grauenvollsten aller Waffen vorgegangen. Sie transportierten in einem plombierten Wagen Lenin wie einen Pestbazillus von der Schweiz hinein nach Rußland.»[127] Und Stefan Zweig: «Millionen vernichtender Geschosse sind im Weltkrieg abgefeuert worden . . . aber kein Geschoß war weittragender und schicksalsentscheidender in der neueren Geschichte als dieser Zug, der geladen mit den gefährlichsten, entschlossensten Revolutionären des Jahrhunderts, in dieser Stunde von der Schweizer Grenze über ganz Deutschland sauste, um in Petersburg zu landen und dort die Ordnung der Welt zu sprengen.» [128] Am 17. April, einen Tag nach Lenins Ankunft in St. Petersburg, telegrafiert der Leiter der deutschen Abwehrstelle in Stockholm: «Lenins Eintritt in Rußland geglückt. Er arbeitet völlig nach Wunsch.» [129] Der Kaiser erfährt von dem Ereignis erst aus der Zeitung und schlägt vor, weiteren «Heimkehrern» Propagandaschriften mitzugeben, und phantasiert von der Möglichkeit eines Bündnisverhältnisses mit einem neuen Rußland. General Ludendorff bestätigt sein Einverständnis noch in seinen «Kriegserinnerungen»: «Militärisch war die Reise gerechtfertigt, Rußland mußte fallen.» Rückblickend gibt Wilhelm II. sich skeptischer: «Im Sommer 1917 hatte sich unsere Lage an der Westfront günstig gestaltet. ‹Glauben Eure Majestät, daß wir damals der Möglichkeit eines Friedensschlusses nahe gewesen sind?› – *Gewiß glaube ich das! Diese Möglichkeit ist nach meinem Gefühl durch die Indiskretion bei der Behandlung der bekannten Druckschrift über die Lage in Österreich-Ungarn und durch die unglückliche Friedensresolution zerschlagen worden. Es blieb uns also nichts anderes übrig, als von neuem die Entscheidung im Westen mit allen Kräften zu suchen.* – ‹War es nicht ungeheuer gewagt, die Entlastung im Osten schließlich dadurch herbeizuführen, daß wir die revolutionäre Zersetzung des russischen Heeres förderten?

Lagebesprechung. Der Kaiser an der Front bei Montdidier, 1918

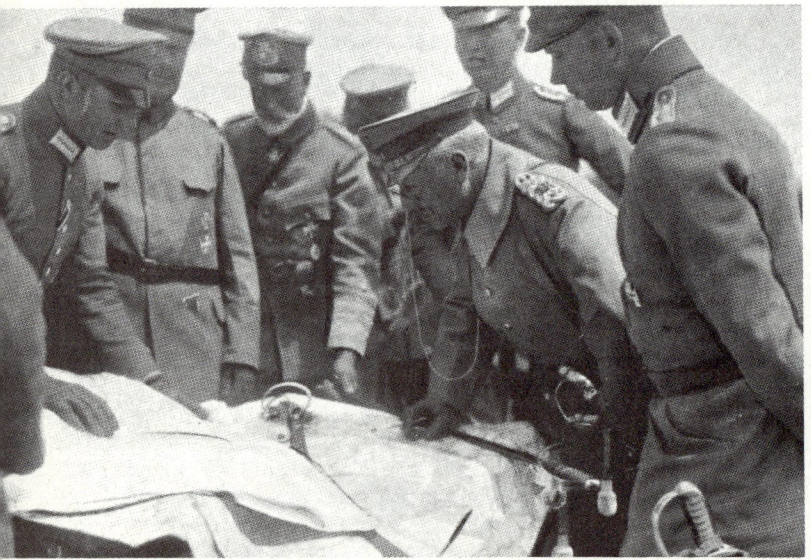

Haben Eure Majestät diese Gefahr nicht erkannt?› – *Die Bolschewisie-rung des russischen Heeres, die uns schließlich freie Hand im Osten schuf, ist auf Wunsch der Obersten Heeresleitung bei uns gefördert worden. Dabei wurde die politische Gefahr einer tangiösen Infektion erheblich unterschätzt, einer Infektion, die allmählich in die Blutbahnen des deutschen Volkes drang und infolge wachsenden physischen und seelischen Drucks mehr und mehr eine Dekomposition erzeugte.*»[130] Maximilian Harden schrieb 1920 resümierend in seinem Artikel «Der Weg nach Mirgorod»: «Nie war Geschichte in größerem Stil witziger: alle Wallungen und Fieber sämtlicher Sozialistenparteien der Erde haben für die Sache der Revolution ein Hunderttausendstel dessen gewirkt, was der preußische General Ludendorff dafür getan hat.» Und endlich Hermann Weber, dessen Lenin-Monographie beginnt: «Die Übernahme der Macht in Rußland im Oktober 1917 durch die Bolschewiki unter der Führung Lenins markiert sowohl einen Einschnitt der russischen als auch der Weltgeschichte. Die Auswirkungen dieser Revolution, die in ihrer Bedeutung durchaus der französischen zu vergleichen ist, prägen nach wie vor die politischen und sozialen Entwicklungen unserer Zeit.»[131]

Nach der verlorenen Marneschlacht spürt Kaiser Wilhelm den Flügel-schlag der Nemesis. Die Depression, die ihn ergreift, geht tiefer als die theatralische Verzweiflung nach dem Novembersturm 1908. Er wechselt die Heerführer, auf Moltke folgt Falkenhayn, bis die «Dioskuren» Hindenburg und Ludendorff ihm endgültig das Heft aus der Hand nehmen. Wilhelm II. wird zum Schattenkaiser. Äußerlich bleibt die Etikette streng bewahrt, alles steht nach wie vor stramm vor Seiner Majestät. Hindenburg hat sogar einen ehrlichen Treuekomplex, im Gegensatz zu General-quartiermeister Ludendorff, der sich zum Diktator aufschwingt und – großer Könner in seinem Fach, aber politischer Idiot – drei Jahre lang alle tastenden Versuche, zu einem Verständigungsfrieden zu kommen, durchkreuzt, bis er im Oktober 1918, nach einem Nervenzusammen-bruch, einen sofortigen Waffenstillstand fordert, dann plötzlich wieder von einer neuen Offensive faselt: Kurzschluß in einem Gehirn, der das Schicksal von Millionen Menschen entscheidet! Und der Kaiser? Anfangs regt er sich noch. Einen Zeitungsartikel, in dem mit einem klassi-schen Zitat darauf hingewiesen wird, daß Krieg ja auch eine Angelegenheit der Politik sei, nennt er ein *Machwerk* und erklärt: *Politik hält im Krieg den Mund, bis Strategie ihm das Reden wieder gestattet.* Später resigniert er mehr und mehr. Von Ludendorff erpreßt, wechselt er die Kanzler. Nach Bethmann Hollwegs Entlassung folgt auf den unbedeu-tenden Michaelis, den keiner kennt (der Kaiser weiß nicht einmal seinen Namen genau), Graf Hertling, ein seniler Professor, und, kurz vor Toresschluß, Prinz Max von Baden[132], ein aufrechter Menschenfreund – aber auch er, trotz seines klugen jüdischen Beraters Dr. Hahn, kein Staatsmann. Daß Wilhelm sich 1917 die «Osterbotschaft» abringt, in der er *mehr Demokratie* verspricht, macht wenig Eindruck, zumal die Tat erst folgt, als es zu spät ist: Im Oktober 1918 endlich bildet der letzte deutsche Kanzler eine Regierung mit sozialdemokratischen Ministern. Einen Monat lang ist das Kaiserreich eine monarchische Demokratie. In dieser Zeit ereilt Ludendorff sein Schicksal, der Kaiser entläßt ihn. Vielleicht hat der kaltschnäuzige Mann das provoziert, um an der Katastrophe, von der er weiß, daß sie stündlich eintreten kann, nicht als Schuldiger beteiligt sein zu müssen. Als die Revolution ausbricht, flieht er ins Ausland. Auch Wilhelm flieht. Zunächst rettet er sich aus Berlin in sein Hauptquartier in Spa. Hinter der Mauer seines Stabes fühlt er sich sicher,

Karikatur auf den Transport revolutionärer Emigranten durch Deutschland nach Rußland. Links Lenin, rechts Wilhelm II. (Aus «Le Rire», 1917)

Beratung im Großen Hauptquartier: Hindenburg, der Kaiser und Ludendorff

wenn er auch von Tag zu Tag unruhiger wird und ihm in den stürmischen Herbstnächten die vielen Fehler, die in diesem Krieg gemacht worden sind, den Schlaf rauben. War es richtig, daß er seine geliebte Flotte nicht zum Großeinsatz freigab? War der rücksichtslose U-Boot-Krieg, der das am Anfang so arg unterschätzte Potential der USA in die Waagschale warf, gegen das Völkerrecht?[133] Er ist froh, daß er Ludendorff, die *Feldwebelfresse*, los ist, aber wie lange wird sein Nachfolger Groener die Front noch halten können? War es nicht Wahnsinn, den Sowjets einen Diktatfrieden aufzuzwingen und Eroberungszüge ins tiefe Rußland zu unternehmen, während im Westen alles zum Teufel ging? So klare Erkenntnisse sind dem ewig Uneinsichtigen nicht gekommen. Ebensowenig dürfte er sich daran erinnert haben, was er an seinen Vetter Nikolaus II. (vor drei Monaten von den Revolutionären, die Wilhelms Regierung unterstützt hat, ermordet!) 1905 schrieb, als der Russisch-Japanische Krieg, zu dem er, Wilhelm, ihm geraten hatte, sich für Rußland so unglücklich in die Länge zog: *Ist es mit der Verantwortlichkeit eines Herrschers vereinbar, ein ganzes Volk gegen seinen ausgesprochenen Willen weiter zu zwingen, seine Söhne hinauszuschicken, in Hekatomben töten zu lassen, nur für ihn? Nur für seine Auffassung von nationaler Ehre? Nachdem das Volk durch sein Verhalten klar bewiesen hat, daß es eine Fortsetzung des Krieges mißbilligt? Wird nicht in kommenden Zeiten das Leben und das Blut all dieser nutzlos geopferten Tausende vor des Herrschers Tür gelegt werden, und wird er nicht eines Tages von Ihm, dem Herrn und Meister aller Könige und Menschen, aufgerufen werden, sich für die zu verantworten, die seiner Macht von dem Schöpfer unterstellt waren, der ihm ihre Wohlfahrt anvertraute? Nationale Ehre ist eine sehr gute Sache an sich, aber nur in dem Falle, wenn das ganze Volk s e l b s t beschließt, sie mit allen denkbaren Mitteln aufrechtzuerhalten. Aber wenn der Wille eines Volkes zeigt, daß es genug hat, ist es dann nicht vernünftig, daß auch sein Herrscher dann – zweifellos mit schwerem Herzen – die Konsequenzen zieht und Frieden schließt? Selbst wenn es ein bitterer Friede ist? Besser als durch die Verlängerung eines unpopulären Krieges ein derart bitteres Gefühl in seinem Lande zu schaffen, daß es sich sogar nicht zurückhalten ließe, ernstliche Schritte zu unternehmen, um den Herrscher schließlich zu zwingen, ihre Wünsche zu erfüllen und ihre Auffassung anzunehmen?*[134] Anderen hat er immer gut predigen können. Wie stellt er sich jetzt aber dazu, daß nicht nur der «Vorwärts» seine Absetzung fordert? In Berlin heißt es allgemein: «Lehmann muß weg!»[135] Aber der Kaiser denkt nicht daran, freiwillig von der Bühne abzutreten. Er stöhnt nur: *Ich gehe langsam zugrunde.* Ich! Immer Ich und immer noch großgeschrieben! Zwischendurch ist er aufgekratzt. Bis in die letzten Tage hinein wird abends Skat gespielt. – Der 9. November kommt. Über das wechselvolle Drama dieses Tages gibt es verschiedene Darstellungen von Augenzeugen; alle irgendwie gefärbt. Am aufrichtigsten scheint die von Hauptmann Ilsemann zu sein, der seinen Monarchen als treuer Adjutant nach Holland begleiten wird und dem wir durch seine 1967 und 1968 veröffentlichten Tagebücher alle Interna über des Exkaisers letzte Lebensjahre verdanken.[136] «8½ Uhr frühstückt der Kaiser mit Fürstenberg . . . in Villa Fraineuse, bringt Telegramme mit, die er von Prinz Max und Solf erhalten. Beide raten dringend zur Abdankung, da die Dynastie in Gefahr und das Kriegskabinett sonst nicht bleiben könne. Der Einfluß der Bolschewisten griffe immer mehr um sich, die Sozialdemokraten könnten nicht mehr dagegenhalten. Der Kanzler macht dem Kaiser zum Vorwurf, daß er Berlin ohne seine Genehmigung verlassen hat . . . Anschließend macht S. M. mit uns seinen gewöhnlichen Spaziergang im Park. Von weitem sehe ich einen Leibgendarm auf uns zulaufen, der meldet, daß Hindenburg, Groener und Schulenburg S. M. zum Vortrag erwarten.» Im Laufe des Vormittags kommen alarmierende Nachrichten aus Berlin. Liebknecht will die Räterepublik verkünden. Die Regierung ist machtlos. Alle Truppen in der Heimat gehen zu den Aufrührern über, sogar das Alexander-Regiment. Der König von Bayern hat gestern abgedankt. Dringender Rat an Majestät: sofort abzudanken, um die Monarchie zu retten! Neue Gartenbesprechung des Kaisers mit Hindenburg, Groener und den Flügeladjutanten. Um 12 Uhr kommt der Kronprinz.

Großes Hauptquartier in Spa, 1917

Sehr ernst geht er zu seinem Vater und rät ihm, nicht abzudanken. Wilhelm will nicht glauben, als man ihm mitteilt: das Heer stehe nicht mehr hinter seinem Obersten Kriegsherrn. *Aber der Fahneneid?* schreit er auf. «Der ist in solcher Lage eine bloße Fiktion», soll ihm General Groener geantwortet haben, worauf Wilhelm, Stunden später, seinen letzten Heerführer anfährt: *Mit Ihnen bin ich fertig! Machen Sie, was Sie wollen.* Aber e r weiß nicht, was er will. Soll er mit einem Rest treuer Truppen gegen Berlin losmarschieren? Soll er den Tod auf dem Schlachtfeld suchen (gibt es noch eines?)? Soll er sich mit seinen Herren verbarrikadieren und bis zum letzten Blutstropfen verteidigen? Alles, nur nicht abdanken, wenigstens nicht als König von Preußen! Das ist die Lösung! Ilsemann schildert weiter: «1.30 bis 2.30 Uhr Frühstück mit Kaiser und Kronprinz. Während dieser Zeit bringen im Adjutantenzimmer Hintze und Grünau den vom Kaiser gefaßten Entschluß zu Papier. Als dieser mit Unterschrift des Königs telephonisch nach Berlin gehen soll, erklärt Wahnschaffe: ‹Zu spät, können wir nicht mehr gebrauchen. Der Kanzler hat bereits folgendes Wolfftelegramm in die Welt geschickt: ‹Kaiser und Kronprinz haben abgedankt, Prinz Max ist Reichsverweser, Ebert Reichskanzler.»› *Verrat!* ruft der Kaiser. Über seinen Kopf hinweg könne niemand ihn absetzen! Er bleibe König von Preußen! Stundenlang soll er wie ein Irrer pausenlos Telegrammformulare ausgefüllt haben, die sämtlich im Papierkorb landen. Ilsemann weiß nichts davon. Er schreibt: «Der Kaiser geht nicht, wie gewöhnlich, nachmittags in seine Räume in die obere Etage, sondern bleibt unten. Zusammengebrochen sitzt er in seinem Lehnstuhl am Kamin und raucht, ohne viel zu sprechen, eine Zigarette nach der anderen . . . [Später sagt er:] *Ich bleibe zunächst in Spa. Falls wir von Bolschewisten angegriffen werden und meine hiesigen Sicherungstruppen nicht treu bleiben, fahren wir nach Den Haag. Diese Fahrt muß vorbereitet werden, meine Chauffeure müssen gewöhnliche Unteroffiziersuniform tragen, die Wagen dem hiesigen Park entnommen werden. Ich bin nicht feige und fürchte mich nicht vor der Kugel, aber ich möchte hier nicht gefangengenommen werden. Ja, wer hätte je gedacht, daß es soweit kommen würde, das deutsche Volk ist . . .* [Fortfahrend:] *So, Kinder, nun bewaffnet euch! Ich bleibe während der Nacht hier in der Villa; ohne Gewehr dürfen wir nun nicht mehr sein.* S. M. blieb auch jetzt noch verhältnismäßig ruhig und klar; würdevoll war sein ganzes Auftreten. Erst um 6 Uhr ging er nach oben in sein Zimmer und war so seit morgens zum erstenmal an diesem schrecklichen Tag allein.» Wann und wie der Gedanke, nach Holland zu fahren, entstanden ist, bleibt ungewiß, ebenso, ob Hindenburg der ausschlaggebende Befürworter dieses Vorschlags war. Erinnert sich Wilhelm nicht mehr an seine eigenen Worte?: . . . *das Königtum mit seinen schweren Pflichten . . . mit seiner furchtbaren Verantwortung vor dem Schöpfer allein, von der kein Mensch, kein Minister, kein Abgeordnetenhaus, kein Volk den Fürsten entbinden kann.*

Einen Gedanken hat weder der Kaiser noch einer seiner Getreuen erwogen: das traditionelle Schicksal eines geschlagenen Heerführers auf sich zu nehmen, das auch einem Napoleon nicht erspart blieb: in die Gefangenschaft zu gehen. Gerade davor schreckt Wilhelm zurück. Zu schlimm hat ihn die Feindpropaganda verteufelt, zu mächtig ist der Haß auf seine Person konzentriert. Er fürchtet tatsächlich, gelyncht zu werden. So tut er, was er immer tat, nämlich nichts aus eigenem Entschluß – sondern befolgt den Rat, den man ihm gibt, und ist innerlich ganz zufrieden, daß «alle Herren derselben Ansicht sind: je eher er nach Holland führe, um so besser». Doch auch das will er nicht übereilen. Bis morgens um 2 Uhr schreibt er Briefe. Um 4 Uhr kommt er in den Speisewagen des Hofzugs, sagt plötzlich: *Ich kann mich mit dem Entschluß, nach Holland zu fahren, noch immer nicht einverstanden erklären.* Um 5 Uhr setzt sich der Zug in Bewegung. Vor der Grenze wird in

*Prinz Max von Baden,
der letzte Reichskanzler*

Sonnabend, 9. November 1918   **Berliner**   **Abendausgabe**

Lokal-Anzeiger

575   Zentral-Organ für 🏛 die Reichshauptstadt   36. Jahrgang

Bezugs-Bedingungen, Anzeigen-Preise, Erscheinungsweise und Geschäftsstellen sind in der Morgenausgabe angegeben

Fernsprecher: für Großberlin nur Amt Zentrum 9001 bis 9009; für den auswärtigen Verkehr nur Amt Zentrum 10790 bis 10794. — Für unverlangt eingesandte Manuskripte übernimmt die Schriftleitung keine Verantwortung

Abdankung des Kaisers.

Thronverzicht des Kronprinzen. — Ebert zum Reichskanzler ausersehen.
Republikanische Gegenaktion der Sozialdemokraten.
Arbeitseinstellung in Berlin.

Die Berliner Truppen.

Das 4. Jägerbataillon, das vor einigen Tagen aus Naumburg zur Unterstützung von etwaigen Unruhen nach den amtlichen Gebäude sowie wichtige Gegenden hatte, ist am heutigen Morgen zur Einsicht übergegangen. Deputationen dieses Truppenteiles erklärten der sozialdemokratischen Parteileitung, daß sie mit allen Kräften für Aufrechterhaltung der Ordnung eintreten würden. Ebenso die Mannschaft des Kaiser-Alexander-Grenadier-Regiments in gleichem Sinne geäußert. Bei den

Die Entscheidung.

(W.T.B.) Berlin, 9. November. Der Kaiser und König hat sich entschlossen, dem Throne zu entsagen. Der Reichskanzler bleibt noch so lange im Amte, bis die mit der Abdankung des Kaisers, dem Thronverzicht des Kronprinzen des Deutschen Reiches und von Preußen und der Einsetzung der Regentschaft verbundenen Fragen geregelt sind. Er beabsichtigt, dem Regenten die Ernennung des Abgeordneten Ebert zum Reichskanzler und die Vorlage eines Gesetzentwurfs wegen der sofortigen Ausschreibung allgemeiner Wahlen für eine verfassunggebende deutsche Nationalversammlung vorzuschlagen, der es obliegen würde, die künftige Staatsform des deutschen Volkes, einschließlich der Volksteile, die ihren Eintritt in die Reichsgrenzen wünschten, endgültig

daß die Soldaten den König zur Abdankung veranlassen wollen. Der Bahnverkehr bleibt bislänglich aufrecht erhalten. — Der Arbeiterrat erläßt nach einem Aufruf an alle Kameraden und Genossen, strenge Ordnung zu bewahren, damit die Einheit und Geschlossenheit der Bewegung erhalten bleibe.

(Weitere Nachrichten über die Revolution siehe 2. und 3. Seite. D. Red.)

Die Tragödie Kaiser Wilhelms II.

Von
Dr. E. Müftig.

Wilhelm II. scheidet vom Schauplatz der Weltgeschichte mit einer Tat von sittlicher Kraft und tragischer Größe. Es ist eine Tat der Selbstüberwindung, zu der ihn die Liebe zu seinem Volk und zu seinem Land getrieben hat. Und keines Geschichtsschreibung wird die Revolution

Spa: am Tag vor der Flucht

«kaiserliche Kraftwagen» umgestiegen, die jetzt ohne das berühmte «Tatütata» fahren, das der Berliner Witz umdichtete: «Bald hier, bald da – für unser Geld!» An der Grenze ist man über die Ankunft des Kaisers orientiert. Der Kaiser und sein Gefolge muß auf dem Perron eines Dorfbahnhofs warten, Volk sammelt sich und beschimpft ihn. Zum Glück trifft der umgeleitete Hofzug ein, in den man sich flüchtet. Montag, den 11. November, 3 Uhr 20 läuft der Zug auf dem Bahnhof Maarn ein. Der deutsche Kaiser ist nach Holland geflohen. Graf Bentinck, Johanniterritter wie S. M., empfängt ihn. Daß Wilhelms erste Worte: *Na, was sagen Sie zu der Chose?* waren, ist Erfindung einer englischen Zeitung. Daß er, nach den letzten nervenzehrenden 72 Stunden, bei der Ankunft in Amerongen die Dame des Hauses um *eine Tasse echten englischen Tee* bittet, ist vielleicht verständlich.

GESPENSTERSONATE IN DOORN

«Es ist, als stießen die steifen Ritter im Wak-
keltanz an Rüstungen aus Pappe.»
Arthur Rimbaud

Am 24. November 1918 verfertigt Wilhelm II. eine formlose Abdan-
kungsurkunde, die mit den Worten schließt: *Ich bin hier nur noch
Privatmann.* Erstaunlich schnell stellt er sich praktisch auf seine neue
Lebenslage um; im Kopf freilich ändert sich bei ihm nichts. Er weiß sich
frei von jeder Schuld. Das Desastre haben die anderen herbeigeführt:
Ludendorff, die unfähigen Diplomaten und Vetter Max, der Verräter!
*Anstatt weiter in die Öffentlichkeit zu treten, soll er sich lieber in den
Schwarzwald verkriechen, wo dieser am tiefsten ist.* – Am 28. November
unterzeichnet er die offizielle Abdankungsurkunde. Am gleichen Tag
trifft die Kaiserin, die sicher aus Berlin herausgekommen ist, ein. «Keines
Wortes mächtig, umarmte [der Entthronte] die Lebensgefährtin, die zu
ihm kam, um das schwere Los der Verbannung mit ihm zu teilen.» [137]
Aber es gibt kein Idyll à la Philemon und Baucis. Die Aufregungen reißen
nicht ab, da die Gefahr besteht, daß Wilhelm II. an die Siegermächte
ausgeliefert wird. Fluchtpläne werden geschmiedet. Der Gastgeber darf
nichts wissen. Heimlich wird beraten. Wie kommt er am sichersten weg?
Per Auto, per Zug, auf gemietetem Rheindampfer? Mit einem Flugzeug?
Und wohin? Nach Schweden, nach Deutschland? Und wie sich unkennt-
lich machen? Das Haar gekürzt und gefärbt? Vielleicht mit einem Knei-
fer? Die Verkleidung wird ausprobiert. «Eine solche Fotografie mit Rei-
semütze auf dem Kopf hat die Kaiserin bereits gestern im Zimmer
aufgenommen.» Das Schwierigste ist, was der Kaiser immer wiederholt:
Mein verstümmelter Arm, an dem sie mich immer erkennen werden. [138]
Die Königin von Holland lehnt das Auslieferungsersuchen natürlich ab.
Abgesehen davon, daß Holland politischen Flüchtlingen grundsätzlich
Schutz gewährt, würde sie doch keinen Fürsten von Geblüt Republika-
nern wie diesem Mr. Wilson zum Fraß vorwerfen. Ein vergeblicher
Versuch übermütiger amerikanischer Offiziere, den Exkaiser zu entfüh-
ren, wird zu einer Slapstick-Komödie. Nach zwei abermals abgelehnten
Anforderungen erfolgt keine dritte. Churchill hat einmal geäußert,
warum. [139] «Hängt den Kaiser» – das war ja nur aufhetzendes Pressege-
schrei, selbstverständlich hätte man dem Angeklagten, wie jedem anderen, ein ordentliches Gerichtsverfahren nach englischem Gesetz gewähren und ihm effektive Verbrechen nachweisen müssen. Da Kriegsgreuel
aber in a l l e n Armeen vorkommen, jedoch nicht eines vom Kaiser befohlen worden ist, und er sich ja nicht anders verhalten hat als jeder krieg-
führende Oberkommandierende, wäre man in eine äußerst peinliche
Lage geraten. Wog Englands Hungerblockade nicht den deutschen U-
Boot-Krieg auf? Hätte Wilhelm II. sich also am 9. November freiwillig
gestellt, wie sehr hätte er seinem Vaterland nützen können! Niemals

Haus Doorn: Arbeitszimmer und Rauchzimmer

hätte eine Alleinschuld Deutschlands konstituiert werden können, wenn es nicht möglich gewesen wäre, den Kaiser durch klaren Schuldspruch zum Tode zu verurteilen.

Kaum ist Wilhelm «Privatmann» und in das mit unglaublichen Kosten fürstlich renovierte Schloß Doorn umgezogen, richtet er sich mit Möbeln und Bildern aus Berlin und anderen Schlössern (50 Waggonladungen) «gemütlich» ein. Jeden Vormittag sägt er, meist mit seinem Adjutanten Ilsemann, auch dies im Rekord. Wie früher Wild erlegt er jetzt Holz und zählt die Strecke. Am 30. Oktober 1919 notiert Gräfin Elisabeth Bentinck (noch in Amerongen): «Der Kaiser sägt heute den 11 000 Baum.» Am 12. November sind es schon 12 000. Kleine Jubiläumsstücke werden mit Namenszug verschenkt. Am Abend wird Cercle gehalten wie einst. Der alte Herr, jetzt mit Spitzbart, liest viel vor, es kommt, wie früher, zu spontanen Gefühlsausbrüchen [140], er verleiht Auszeichnungen, will anderen, denen er zürnt (und wem zürnt er nicht?) Orden entziehen, zum Beispiel Tirpitz – kurz: die «Kaiserei» geht weiter, wie gehabt, nur um einige Nummern kleiner. Am 11. April 1921 stirbt Auguste Viktoria nach langem, schwerem Leiden. Der Selbstmord ihres Lieblingssohnes Joachim hat ihr den letzten Schmerz bereitet. In guten Tagen hat sie einmal geäußert, sie wolle im Mausoleum zu Potsdam begraben werden. Da sie ihr Leben lang nur immer um ihren geliebten Mann sein wollte, wird sie unter den jetzigen Umständen jenen Wunsch sicher nicht mehr gehabt haben, den ihr der Witwer dennoch erfüllt, niemand versteht recht, warum. Will er das Grab der Frau, die ihm 40 Jahre lang eine getreue Gattin war, nicht in der Nähe haben? Hofft er, daß ihre Überführung nach Deutschland zur Wiederherstellung der Monarchie beitragen, daß man auch ihn zurückrufen könne? Oder hat er, wie Zyniker meinen, bereits an eine neue Heirat gedacht? Tatsächlich gestaltet sich das Begräbnis der Kaiserin, an dem über 200 000 Menschen teilgenommen haben sollen, zu einer Großkundgebung deutsch-nationaler Gesinnung. Ganz hat sich Wilhelm also nicht verrechnet: er kommt wieder in Kurs, der allerdings, selbst bei den eingefleischtesten Kaisertreuen, auf den Nullpunkt sinkt, als bekannt wird, daß er eine zweite Ehe eingeht. Am 6. November 1922 heiratet Wilhelm von Hohenzollern, ehemals Deutscher Kaiser und König von Preußen, die verwitwete Prinzessin Hermine Schönaich-Carolath aus dem fürstlichen Hause Reuß. Der Bräutigam ist 63, die Braut 35 Jahre alt. Auch sie hat Kinder. Hermo, wie sie im intimen Kreis genannt wird, ist eine herrschsüchtige Dame, die «Hofintrigen» anzettelt, wie zu Zeiten der «Camarilla». Sie hat sich ausbedungen, nicht die ganze Zeit in Doorn «weilen» zu müssen und reist einige Monate im

Beisetzung der Kaiserin in Potsdam

70. Geburtstag in Doorn, 1929. Wilhelm II. mit seinen Geburtstagsgästen. Ganz rechts: S. von Ilsemann

Jahr durch Deutschland, um sich als «Kaiserin» feiern zu lassen, obwohl in ihrem Paß, was sie sehr erbost, «Hermine, Gemahlin des ehemaligen deutschen Kaisers», steht. Aber sonst ist der alte Herr recht glücklich mit ihr.

Die Adjutanten, Hausminister und Beamte lösen sich im Dienst ab, den sie selbstverständlich ohne Lohn verrichten, wie ja auch früher sämtliche Hofchargen Ehrendienst waren. Dabei ist der Kaiser immer noch ein schwerreicher Mann. Allein durch die Fürstenabfindung (preußisches Gesetz vom 29. Oktober 1926) werden ihm 20 Schlösser (von über 60) als Eigentum überlassen, eingeschlossen das Achilleion auf Korfu, das er aber verkauft. Er besitzt dicke Aktien von bekannten Firmen der deutschen Großindustrie und mehreren Banken. Bittbriefe von Kriegsinvaliden allerdings werden durch ein vorgedrucktes Formular abschlägig beschieden: es seien keine Mittel vorhanden. Mit seinen wechselnden Stimmungen fertig zu werden ist für seine Umgebung nicht immer einfach. Betrübt notiert der brave Ilsemann, der die Tochter des Grafen Bentinck geheiratet hat: «Es ist schon manchmal furchtbar traurig und schwer in Doorn . . . Der Kaiser ist oft so völlig unbegreiflich und dabei sein eigener größter Feind.» [141] Ilsemanns Aufzeichnungen zeigen, wie wenig Wilhelm sich geändert hat. Hier nur zwei Beispiele: «Vorgestern lobte S. M. den General Hoffmann, als den einzigen deutschen

General, der etwas geleistet habe. Heute sagte er zu mir: *Denken Sie nur, Kracker hat mir berichtet, daß er herausbekommen habe, Hoffmann hat mit englischem Geld deutsche Offiziere geworben, die für England gegen den Bolschewismus kämpfen sollen. Das ist glatter Verrat! Das ging schnell!* Vorgestern war Hoffmann noch der große Mann, heute ist er für immer unten durch bei S. M.»[142] – «*Im Mai gibt es Krieg. Das bedeutet die Wiederherstellung der Monarchie, und dann werde ich Ordnung in Deutschland schaffen. Früher habe ich auf diese Voraussagen ja nichts gegeben, aber hier in Holland habe ich mich davon überzeugt, daß es Menschen gegeben hat, die den Weltkrieg genau vorausgesagt haben. Also ist schon etwas Wahres daran, schade nur, daß ich damals nie etwas davon gehört habe!*» Und, etwas ausführlicher zitiert, über des Exkaisers

*Hermine Prinzessin
Schönaich-Carolath
beim Filmen*

70. Geburtstag: «Der Gottesdienst fand wie üblich im Speisezimmer statt. Die Herren hatten ihre Plätze eingenommen, als die Majestäten mit dem Hofprediger eintraten. Pastor Richter sprach mit großem Pathos, seine Stimme schwankte zwischen Flüstern und donnerndem Kommandoton. Im Geiste ließ er die hochselige Kaiserin in Uniform der Pasewalker Kürassiere eintreten, ließ draußen im Schnee unter dem blauen Himmel (Hohenzollernwetter) die ganze alte deutsche Armee mit ihren Fahnen aufmarschieren, ließ sie alle an ihrem einstigen Kaiser vorbeimarschieren, um ihm ihre Glückwünsche darzubringen . . . Im Anschluß an diesen Gottesdienst bauten sich die Herren in der Halle auf, durch das Gobelinzimmer traten die Majestäten ein. Er, ganz wie früher, in kurzem militärischen Schritt, mit den scharfen, zusammengebissenen Zügen (die Maske, wie er sie stets aufsetzt, wenn er aus der gewohnten Umgebung unter Fremde tritt) . . . [und] wandte sich an Schröder: *Herr Admiral, Sie sprachen vorhin die Hoffnung aus, daß die Zeit nicht fern sein möge, daß deutsche Kriegsschiffe das Meer wieder befahren möchten, über alle Toppen geflaggt, dabei vermißte ich meine Standarte; ich hoffe, Sie rechnen damit. Und dann, Herr Admiral: ‹Volldampf voraus!›* Der Kaiser steigerte sich immer weiter. *Mir gehört der erste Platz zu Hause, und niemandem anders,* rief der Kaiser, sich dabei fest gegen die Brust schlagend. Und schließlich endete der hohe Herr: *Und nun, meine Herren, verlange ich von Ihnen zu hören: werden Sie mir dann die einst geschworene Treue halten, werden Sie mir folgen? Ja oder Nein? Ich bitte um eine Antwort, meine Herren!* Ein ‹Ja› wie beim Heiligen Abendmahl war zu hören, nicht allzu stark, wohl auch kaum von allen gesprochen. Keine weitere Kundgebung folgte. Dann traten die Herren der Reihe nach an den Kaiser heran, um ihm die Glückwünsche der Verbände auszusprechen, die sie vertraten. An jeden richtete der Kaiser einige Worte, Einzelne küßten S. M. die Hand, manchem stockten die Worte vor innerer Erregung, es gab auch einige Tränen. Die alte Armee und Marine, vertreten durch kampferprobte, tüchtige und bekannte Führer, Exzellenzen, Generale und andere Chargen; das erste Wiedersehen mit dem einstigen Oberhaupt Deutschlands, und für die meisten wohl auch das letzte. Noch einmal die alten Uniformen, die Waffen, die zahlreichen Kriegsauszeichnungen, nur die Gesichter verändert. Das Alter (Exzellenz von Pfuel 83 Jahre), die Strapazen des langen Krieges, die Sorgen des Alltags, Kummer und Gram standen in den Zügen dieser Herren geschrieben. Der Kaiser trug die Uniform des Ersten Garde-Regiments mit Säbel, allem Lederzeug, Revolver, Feldmarschallstab, usw. Nachdem er den letzten Herren gesprochen, zog er sich in sein Turmzimmer zurück und verbrachte die Stunde bis zum Essen dort allein. Die Herren gingen durch den Garten und ich erzählte vom Leben des Einsamen in Haus Doorn.»[143]

Was wäre noch erwähnenswert? Daß er Bücher schrieb, die niemand mehr liest, ist das wichtig? Seine Ghostwriter waren nicht die besten (mit einem von ihnen, einem Amerikaner namens Viereck, hat er denselben

Großvater).[144] Seine «Vergleichenden Geschichtstabellen» stellen erneut unter Beweis, daß historische Wahrheit ihm stets ein fremder Begriff war. Daß er, wahrscheinlich aus Selbstschutz, den Wahn seiner Rückkehr auf den Kaiserthron nie aufgab, daß er aufflackerte, als Göring ihn zweimal besuchte, daß er abwechselnd für und gegen Hitler war, dem er nach der Einnahme von Paris (auf Drängen Hermos, die eine leidenschaftliche «Nazisse» war) ein peinliches Glückwunschtelegramm schickt, das alles ist zu klein für einen Abgesang. Berichten wir zum Schluß von einem sympathischen Zug: «Der Kaiser zersägt aber nicht nur Bäume, er pflanzt auch neue, vor allem Eichen. Wer ihm eine Freude machen will, schenkt ihm Bäume. Sie alle tragen den Namen des Gebers. *Wenn ich durch den Garten gehe,* sagt der Kaiser, *ist es mir eine Freude, die Bäume und Büsche, die man mir geschenkt hat, anzufassen. Mir ist es, als ob ich dann die Hand des Gebers schüttelte.*»[145] Wilhelm II. wurde nicht weiser im hohen Alter, aber milder. Und er bezauberte nach wie vor Gäste, wenn er ihnen gefallen wollte, besonders Wissenschaftler oder Künstler. Gern gesehen waren Frobenius, Sven Hedin, der Archäologe Dörpfeld (von dieser Wissenschaft verstand Wilhelm am meisten), der Sänger Walter Kirchhoff, der nationale Schriftsteller Rudolf Herzog, der

Wilhelm II. auf dem Totenbett

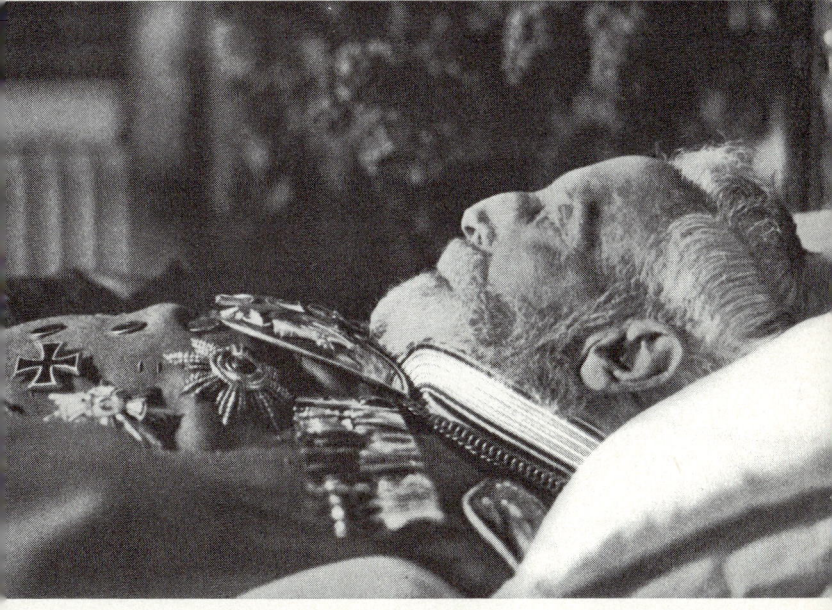

Balladendichter Börries von Münchhausen, der neckische Rudolf Presber und des Kaisers liebster und von ihm geadelte Bühnendichter Josef von Lauff.

Im März 1941 hat er auf dem Holzplatz einen Ohnmachtsanfall. Er erholt sich nicht wieder. Am 3. Juni geht es langsam zu Ende. Als Ilsemann ihm von der Eroberung der Insel Kreta berichtet, freut er sich: *Das ist fabelhaft. Unsere herrlichen Truppen!* Geistig völlig frisch, konferiert er noch mit dem Hausminister. Ein neuer Anfall. Während der Kammerdiener zum Arzt eilt, sagt der Kaiser zur Krankenschwester: *Jetzt muß ich sterben. Aber ich bin bereit. Oben gibt es ein Wiedersehen.* Er faltet die Hände und betet laut. Nach einer Injektion ist sein letzter verständlicher Satz: *Holen Sie meine Frau, jetzt heißt es Abschied nehmen.*[146] Als seine Gattin und seine Tochter Viktoria Luise eintreten, kann er nur noch lallen. Siebzehn Stunden atmet er noch, ohne klares Bewußtsein und ohne Schmerzen. Am 4. Juni 1941 stirbt er, 82 Jahre alt. Dann wird ihm zum letztenmal die Generaluniform angelegt. Aufgebahrt liegt er da, nun für immer stumm. Die Majestät des Todes verleiht ihm mehr Würde, als er im Leben besaß. Größe hat ihm auch der Tod nicht schenken können. Vielleicht war Wilhelm von Hohenzollern ihr eine Minute lang nahe, als er, in Stolz und Demut, sich seinen Grabspruch auswählte:

> Lobt mich nicht, denn ich bedarf keines Lobes;
> Rühmet mich nicht, denn ich bedarf keines Ruhmes;
> Richtet mich nicht, denn ich werde gerichtet werden.

Bei seinem Begräbnis herrschte «Kaiserwetter».

ANMERKUNGEN

1 Aus der Ansprache beim Festmahl des Provinziallandtages in Königsberg am 15. Mai 1890
2 Zedlitz-Trützschler: Zwölf Jahre am deutschen Kaiserhof, S. 105
3 Aus dem Armeebefehl vom 15. Juni 1888
4 Aus der Thronrede vom 25. Juni 1888
5 Aus der Rede anläßlich der Eröffnung des Nordost-Kanals am 18. Juni 1895 in Hamburg
6 Reiners: In Europa gehen die Lichter aus, S. 96
7 Aus der Ansprache an die Arbeitgeber im Bergbau am 16. Mai 1889
8 Aus der Ansprache an die Abordnung der Bergarbeiter am 14. Mai 1889
9 Aus der Ansprache an Abordnungen der evangelischen und katholischen Arbeitervereine am 16. November 1888 in Breslau
10 Aus der Thronrede zur Eröffnung der 3. Session des Reichstages am 8. Dezember 1894
11 Stein: Wilhelm II., S. 64
12 Aus der Seepredigt, gehalten auf der Höhe von Helgoland an Bord der «Hohenzollern», am 29. Juli 1900
13 Waldersee: Denkwürdigkeiten III, S. 274
14 Aus der Rede am 4. Mai 1891 in Düsseldorf
15 Am 7. September 1891
16 Haller: Aus dem Leben des Grafen Philipp zu Eulenburg-Hertefeld, S. 255
17 Limann: Der Kaiser (1904), S. 81
18 Dokumentar-Serie: Deutsche Zeitgeschichte I (Langspielplatte)
19 Werner-Kautsch: Hofgeschichten, S. 16
20 Friedrich VI. erhielt von Kaiser Sigismund die Kurwürde von Brandenburg im Jahre 1415
21 *Aus meinem Leben*, S. 23
22 Ebd., S. 4
23 Nach Ayme: Kaiser Wilhelm II. und seine Erziehung, S. 123
24 Brief vom 28. Mai 1870 an Königin Victoria
25 *Aus meinem Leben*, S. 127
26 Ebd., S. 135
27 Ebd., S. 28
28 Ayme, S. 127
29 Zit. n. Zentner: Kaiserliche Zeiten, S. 18
30 Ilsemann: Der Kaiser in Holland I, S. 126 (Tagebuch der Gräfin Bentinck)
31 *Aus meinem Leben*, S. 162
32 Wilhelm Meyer-Förster soll der Studentenprinz Wilhelm als Vorbild für seinen Prinz Heinz in «Alt-Heidelberg» vorgeschwebt haben. Seit seiner Uraufführung 1903 ist die Sentimentalkomödie ein Welterfolg für Jahrzehnte geworden, in den USA sogar als Musical verfilmt.
33 B. Traven (Torsvan; 1890–1969), skandinavischer Herkunft, bewahrte sein Pseudonym bis zu seinem Tode, danach als Richard Maurhut (Ret Marut) identifiziert. Er ließ bei Freunden durchblicken, sein wahrer Vater sei Wilhelm II. – vielleicht nur als Mystifikation.
34 Zit. n. Gisevius: Der Anfang vom Ende, S. 58 f
35 Röhl: Philipp Eulenburgs politische Korrespondenz Bd. I, S. 244 f

36 *Aus meinem Leben*, S. 194 f
37 Janssen: Die graue Eminenz, S. 46
38 Smith: In Preußen keine Pompadour, S. 77 f
39 Röhl, S. 192 Anm. 6
40 Aus dem unveröffentlichten Tagebuch von Geheimrat Dr. von Steinmeister
41 *Aus meinem Leben*, S. 227
42 Muschler: Philipp zu Eulenburg, S. 171
43 *Aus meinem Leben*, S. 245 f
44 Wilhelm an Hinzpeter aus San Remo am 11. November 1887. In: *Aus meinem Leben*, Anhang S. 388
45 Brief Wilhelms II. an Eulenburg vom 11. November 1887
46 Wilhelm II. im Vorwort zu Ponsoby: Briefe der Kaiserin Friedrich, S. 15
47 Bismarck: Erinnerung und Gedanke, S. 14
48 Beide Zitate aus der Thronrede vom 25. Juni 1888
49 Schröder: Ein Tagebuch Kaiser Wilhelms II., S. 9
50 Ebd., S. 10
51 Aus der Rede bei der Denkmalsenthüllung in Frankfurt/Oder am 16. August 1888
52 Zit. n. *Kaiserreden*. Hg. von Klaussmann 1902, S. 94
53 Ebd., S. 96
54 Golo Mann: Deutsche Geschichte des 19. und 20. Jahrhunderts, S. 482
55 Ausführlich bei Hank: Kanzler ohne Amt. Fürst Bismarck nach seiner Entlassung 1890–1898 (1970)
56 »Caligula«, zit. n. der 31. Aufl. S. 1–15, von Ludwig Quidde (1858–1941). Geschichtsforscher und pazifistischer Politiker, erhielt als erster Deutscher 1927 den Friedensnobelpreis, 1933 emigriert.
57 Müller: Der Kaiser, S. 143 f: «Ein solches Leben war auf die Dauer nur möglich, wenn der Kaiser sich einen regelmäßigen Nachmittagsschlaf leistete. Er ging dann meistens richtig zu Bett.»
58 Aus der Rede beim Festmahl des Brandenburgischen Provinziallandtages vom 24. Februar 1892
59 Zit. n. Sinna: Marine intern (1972), S. 7 f
60 Der als «Umsturzvorlage» vorgelegte Gesetzesentwurf wurde am 11. Mai 1895 von fast allen Parteien abgelehnt.
61 Chlodwig, Fürst zu Hohenlohe-Schillingsfürst (1819–1901), Reichskanzler von 1894 bis 1900, von S. M. weitläufiger Verwandtschaft wegen «Onkel» genannt.
62 Wilhelms Dilettantismus erstreckte sich auch auf die Architektur und schuf den eklektischen Stil des Wilhelminismus.
63 Die Bagdad-Bahn, ein Lieblingsprojekt des Kaisers, wurde 1899 begonnen, später von einer deutsch-französischen Bankgruppe finanziert und erst 1924 in voller Länge (2400 km) fertig.
64 Aus der Tischrede in Damaskus vom 8. November 1898
65 «Chamberlains Rassentheorie bestärkte Wilhelm II. in seiner deutschen Sendung und wird zu einem Quellenwerk der antisemitischen ‹völkischen» Bewegung› (Illustrierte deutsche Kulturgeschichte, S. 281).
66 Da für die steinerne Kitschparade nicht genügend Bildmaterial der Hohenzollern vorlag, trägt einer der Kurfürsten die Züge Eulenburgs; für einen anderen Ahnen des Kaisers stand Heinrich Zille Modell.

67 Bülow: Denkwürdigkeiten II, S. 359 f
68 Moltke: Erinnerungen, Briefe, Dokumente, S. 233
69 Eckardstein: Die Welt der Diplomaten, S. 217 f
70 Lentzer: Unter der roten Fahne, S. 39 f
71 Karl Ferdinand, Frhr. v. Stumm-Hallberg, Großindustrieller, ein als «König Stumm» verschriener Reaktionär; Dr. Ernst v. Heydebrand, Führer der Konservativen Partei («Schlotbarone» und Krautjunker). – Wilhelms Äußerung am 9. Januar 1900
72 Bülow I, S. 97
73 Hofprediger Schoen: Ich hab so gern gelebt
74 Zedlitz-Trützschler, S. 53 f
75 «Berliner Lokal-Anzeiger» vom 30. Mai 1899
76 Muschler, S. 508
77 Aus dem Text der Ansprache vom 23. September 1901 in Wystyten, Eulenburgs Briefbericht bei Bülow I, S. 546
78 Moltke, S. 201
79 «Die Gothaer Lebensversicherung lehnte Versicherung des Kaisers ab, da der Zustand des linken Ohres als unheilbar krank und das Gehirn gefährdend beurteilt wurde» (Kraak: Kronprinz und Kaiser, S. 229 f).
80 Friedrich von Holstein (1837–1909), Geheimrat, gilt als Drahtzieher der Politik im Hintergrund. Umstrittener Sonderling, vermied jede verantwortliche Stellung, Abneigung gegen Wilhelm II., hinterließ «Geheime Papiere» (4 Bde.).
81 Eckardstein, S. 340
82 Rheinbaben: Kaiser, Kanzler, Präsidenten (1968), S. 20
83 Zedlitz-Trützschler, S. 127
84 Ausführliche Schilderung der Situation bei Kühlmann: Erinnerungen, S. 226 f
85 *Ereignisse und Gestalten aus den Jahren 1878–1918*, S. 91
86 Fürstin Marie Radziwill: Briefe vom deutschen Kaiserhof, S. 265 (Brief vom 6. April 1905)
87 Siehe Ritter: Der Schlieffenplan (1956)
88 Théophile Delcassé (1852–1923), 1898 bis Juni 1905 französischer Außenminister, 1911 bis 1913 Marineminister, 1913 und 1914 Botschafter in St. Petersburg, 1914 und 1915 Außenminister; erklärter Deutschenfeind
89 Heinrich v. Tschirschky und Bögendorff (1858–1916), Botschafter in Wien, Günstling Wilhelms II., Admiral Birilow (1844–1918), Oberbefehlshaber der baltischen Flotte, später Marineminister
90 Der Brief des Kaisers aus Björkö und der im folgenden wiedergegebene «Verzweiflungsbrief» an Bülow werden von sämtlichen Biographen Wilhelms II. zitiert.
91 Alexander von Rußland: Einst war ich ein Großfürst, S. 183 f
92 Rathenau: Der Kaiser, S. 33 f
93 Heinrich Mann: Ein Zeitalter wird besichtigt, S. 222 f
94 Radziwill, S. 221
95 Ebd., S. 327
96 Die politisch-satirische Zeitschrift «Kladderadatsch» hatte das Freundestrio: Holstein als «Austernfreund», den Schwaben Kiderlen-Wächter als «Spätzle» und Eulenburg als «Troubadour» verspottet.

97 Bismarck Bd. III, S. 129
98 *Ereignisse und Gestalten*, S. 97
99 Trotz neuester Rehabilitierungsversuche Bülows: daß er den Inhalt des Interviews kannte, hat Eduard Engel bereits 1929 in «Kaiser und Kanzler im Sturmjahr 1908» nach den Urkunden juristisch und zudem psychologisch schlüssig nachgewiesen.
100 Bebel soll im Genossenkreis geäußert haben: «Gegen Durchfall gibt es Kohletabletten, Mauldiarrhö ist anscheinend unheilbar.»
101 Zit. n. Das deutsche Kaiserreich. Hg. v. G. A. Ritter, S. 316, 318
102 Moltke, S. 288 f
103 Kürenberg: War alles falsch?, S. 246
104 Valentini: Kaiser und Kabinettschef, S. 232 f
105 Zedlitz-Trützschler, S. 216 f
106 Kronprinz Wilhelm: Erinnerungen. Hg. v. Karl Rosner, S. 92 f (Treutler hält die Marneschlacht für den «entscheidenden Bruch im Selbstbewußtsein des Herrschers».)
107 Haller: Die Ära Bülow, S. 149
108 Franke: Die Randbemerkungen Wilhelms II., Diss. 1934
109 Arren: Wilhelm II. (1911), S. 5 f
110 *Aus meinem Leben*, S. 76
111 Aus «Unser Kaiser» (1898), S. 314 f (in der Jubiläumsausgabe 1913 fehlen diese Angaben)
112 Moltke, S. 372
113 Rathenau, S. 47
114 Zweig: Die Welt von gestern, S. 157
115 Hammann: Um den Kaiser, S. 96
116 «Dieser Extrablatt-Affäre wird von allen offiziellen Kriegsschuldforschern und ihren ausländischen Gegnern viele Artikel und Abhandlungen gewidmet werden» (Theodor Wolff: Der Krieg des Pontius Pilatus, S. 347)
117 «Berliner Tageblatt» vom 5. August 1914
118 Wilde: Rathenau, S. 80 f
119 Dr. Fritz Haber (1868–1934), Chemiker, Nobelpreis 1918
120 Zit. n. Innenansicht eines Krieges. Hg. v. Ernst Johann, S. 26
121 Müller: Regierte der Kaiser?, S. 146
122 Ebd., S. 185
123 Ebd., S. 204
124 Ebd., S. 208
125 Ebd., S. 258
126 Haffner: Der Teufelspakt, S. 21
127 Churchill: The Worlds Crisis (1929), S. 72
128 Zweig: Sternstunden der Menschheit, S. 140
129 Haffner, S. 19
130 Niemann: Wanderungen mit dem Kaiser, S. 90
131 Weber: Lenin, S. 7
132 Georg Michaelis (1857–1936), 1917 preußischer Staatskommissar für Ernährung, vom 14. Juli bis 31. Oktober 1917 deutscher Reichskanzler und preußischer Ministerpräsident; Georg Graf Hertling (1843–1919), vom 1. November 1917 bis 30. September 1918 Reichskanzler und preußischer Ministerpräsident, Prinz Max von Baden (1867–1929), vom 3. Oktober bis 9.

November 1918 Reichskanzler, richtet am 5. Oktober 1918 ein Friedensangebot auf der Grundlage der «Vierzehn Punkte» Wilsons, auf Ludendorffs Drängen mit gleichzeitigem Ersuchen um sofortigen Waffenstillstand.

133 Der nach langen politischen Kämpfen gefaßte Entschluß zum rücksichtslosen U-Boot-Einsatz vom 31. Januar 1917, der «unglücklichste Tag der deutschen Geschichte» (Graf Monts, Erinnerungen, S. 466), führte zum Kriegseintritt der USA.

134 *Briefe an den Zaren*, S. 185 f

135 Von den Berliner Spitznamen für den Kaiser «Wilhelm der Plötzliche» und «Wilhelm der Letzte» wurde am Ende des Krieges am populärsten «Lehmann», den er von seinem Großvater geerbt hatte, dem «Kartätschenprinz», der 1848 unter diesem Decknamen geflohen war.

136 Folgende Darstellung nach Ilsemann: Der Kaiser in Holland I, S. 36 f

137 Viktoria Luise: Deutschlands letzte Kaiserin, S. 210

138 Ilsemann I, S. 72 f

139 Churchill in «The Aftermath» (1929), S. 42 f

140 1. Oktober 1921: *Was auch über mich geschrieben wird, man legt es doch falsch aus. So war es schon früher mit den Handlungen des Kaisers* (Ilsemann I, S. 281); 15. Juli 1922: *Mein Gott, nachdem ich so gemein von den Deutschen behandelt wurde, ist mir die ganze Bande wurscht* (Ilsemann I, S. 232); 31. Mai 1923: *Na, wenn ich erst wieder zu Hause bin, fliegen aber die Köpfe* (Ilsemann I, S. 281)

141 Ilsemann II, S. 67

142 Ebd.

143 Ebd., S. 114 f

144 Sylvester Viereck war der Sohn eines unehelichen Kindes von Prinz Wilhelm (Kaiser Wilhelm I.), über den Friedrich Wilhelm IV. witzelte: «Mein Bruder ist ein mathematisches Genie, er hat die Quadratur des Kreises erfunden; er hat das Viereck rund gemacht.» Die Schauspielerin Viereck wanderte nach Amerika aus.

145 Reibnitz: Wilhelm II. und Hermine, S. 136 f

146 Ilsemann II, S. 347

NACHTRAG: ZAHLEN ZUM NACHDENKEN

1898 wurden an Steuern erhoben: bei einem Einkommen bis 1000 Mark 2,3 %, bei einem Einkommen bis zu 3000 Mark 6,1 %, bei 10000 Mark 8,1 %, bei 100000 DM und darüber 10 % (Umsatzsteuer: 0,0 für alle!);

direkte Steuern in Preußen: 1892 – 5704 Millionen, 1902 – 8560 Millionen, 1912 – 15240 Millionen;

gespart wurden in Preußen: 1892 – 3552 Millionen, 1902 – 6728 Millionen, 1911 – 11837 Millionen.

Die Erbschaftssteuer betrug in England 10,99 %, in Deutschland 1,52 %; 1912 betrug das Gesamteinkommen des Reiches ca. 43 Milliarden, pro Kopf ca. 642 Mark im Jahr. Nach Bernt Engelmann gab es zwischen 1900 und 1914 in Deutschland 30000 Millionäre. 1908 war das Reich mit 34253500 Reichsmark verschuldet (Zinsen jährlich etwa 160 Millionen).

Die Kosten für die Ausbildung zum Marineoffizier betrugen 4835 Mark, danach bis zum Aufrücken in die Gehaltsstufe von 1900 Mark im Jahr benötigter jährlicher Zuschuß: minimal 600 Mark. Matrosenlöhnung an Land 18 Mark, an Bord 21,90 Mark im Monat. Pension eines Marine-Chefingenieurs nach dreißigjähriger Dienstzeit maximal pro anno 7371 Mark.

Aus der Speisekarte eines erstklassigen Hotels Anfang des Jahrhunderts: Stangenspargel mit Cotelette – 1,25 Mark, Gänsebraten – 1 Mark, Hecht in Butter, grün – 0,75 Mark.

Ein Seidel Bier kostete in der Kneipe 10 Pfennig, ein Ei 3 Pfennig, Schinken (mit Fotografie des Kaisers!) bot die Firma Viehweg aus Leipzig nach Gewicht von 15 bis 25 Kilo pro Stück für 12 bis 15 Mark an, die Firma Schubert in Berlin Schilder «Aufgang nur für Herrschaften», «Für Dienstboten und Lieferanten», «Betteln und Hausieren verboten», in Emaille und vergoldet zum Preise von 1,60 bis 12,50 Mark.

Das Schulgeld für Knaben betrug im Jahr 240 Mark (höhere Schulen), die Krankenversicherung für Dienstboten 6 Mark.

1910 lebten 21,10 % der Gesamtbevölkerung Deutschlands in Städten mit mehr als 20 000 Einwohnern; Zusammenballung in sechs Großstädten und im Ruhrgebiet, andererseits lebten noch über 30 % der Deutschen in Orten unter 200 Einwohnern.

1895 wurden 5 Millionen Mark, 1911 wurden 12 Millionen Mark vom Staat für den sozialen Wohnungsbau ausgegeben.

Der Rohzuckerverbrauch in Deutschland pro Kopf 1887/88: 8,5 kg; 1912/13: 21,4 kg.

1911 dienten in Deutschland unter 1 % der Bevölkerung im Heer, in Frankreich 1,54 %. Verteidigungskosten pro Kopf der Bevölkerung 1912 in Großbritannien 32,97 Mark, in Frankreich 25,60 Mark, in Deutschland 21,80 Mark, in Österreich-Ungarn 9,15 Mark und in Rußland 8,60 Mark.

Die Kriegsflotten der Welt 1888: England – 756 000 T., Deutschland – 174 000 T., USA – 98 000 T., Japan – 38 000 T.; 1913 – England 2 029 000 T., Deutschland – 950 000 T., USA – 940 000 T., Japan – 498 000 T.

Deutschlands Kriegskosten 1914: 36 Millionen, 1918: 146 Millionen – pro Tag!

Die Kriegsopfer: bei Heer und Marine 6 066 769 Verluste (ohne Dunkelziffer), Zivilbevölkerung – durch Luftangriffe (geschätzt) 2600 Personen, erhöhte Sterbefälle (durch Unterernährung infolge der Hungerblockade) insgesamt 762 796 Personen. «Die Gesamtsumme der vom Reich zur Diskontierung gegebenen Schatzanweisungen, die Ende Juli 1914 0,3 Milliarden ausmachte, betrug Ende November 1918 51,2 Milliarden Mark.»

Reingewinn der Daimler-Motoren-Ges. 1917: 5 932 037 Mark, davon Dividende: 2 400 000, Arbeiterunterstützung: 200 000 Mark.

Zahlen und Angaben nach: «Deutschlands Wirtschaft, Währung und Finanzen»; Dr. K. Helfferich: «Deutschlands Volkswohlstand 1888–1913»; «Unser Kaiser» und verschiedene Tageszeitungen und Zeitschriften der Epoche.

Der Kronprinz im Gespräch mit Hitler, anläßlich der Reichstagseröffnung am 21. März 1933

1859   27. Januar: Geburt des Prinzen Friedrich Wilhelm Viktor Albert, des ersten Kindes Friedrich Wilhelms, Kronprinz von Preußen, nachmalig Kaiser Friedrich III., und der Prinzessin Viktoria

1864   Wiener Friede beendet preußisch-österreichischen Krieg gegen Dänemark. – Karl Marx gründet in London Internationale Arbeiterassoziation

1866   Bruderkrieg Preußen–Österreich. Sieg bei Königgrätz, Schonung der Besiegten durch Bismarck

1867   Gründung des Norddeutschen Bundes, Bismarck als Bundeskanzler

1869   27. Januar: Am zehnten Geburtstag des Prinzen Wilhelm Aufnahme in die Armee und Verleihung des Schwarzen Adlerordens. – August Bebel und Wilhelm Liebknecht gründen in Eisenach die Sozialdemokratische Arbeiterpartei

1870–1871   Deutsch-Französischer Krieg

1871   18. Januar: Proklamation des preußischen Königs als Wilhelm I. Deutscher Kaiser in Versailles. Reichsgründung durch Bismarck. Beginn der Gründerjahre und des Kulturkampfes. – 16. Juni: Prinz Wilhelm erlebt den triumphalen Einzug des Kaisers durch das Brandenburger Tor

1872   «Strafgesetzbuch für das Deutsche Reich» tritt in Kraft. Elsaß-Lothringen wird Deutsches Reichsland

1873   2. April: Prinz Wilhelm tritt, nach bestandener Prüfung, in die Obersekunda des Gymnasiums in Kassel ein. Besucht die Schule bis 1877, wohnt im Sommer mit seinem Erzieher Hinzpeter und seinem militärischen Gouverneur auf Schloß Wilhelmshöhe. – 22. November: Wilhelm erlebt den ersten Stapellauf in Stettin. – Schwere Wirtschaftskrise in Deutschland

1874   1. September: Feierliche Konfirmation in Potsdam

1877   Besteht das Abiturexamen mit der Note «Befriedigend». – 27. Januar: Volljährigkeitserklärung im Alten Palais. – 7. Februar: Dienstantritt als Seconde-Leutnant beim 1. Garderegiment zu Fuß in Potsdam

1877–1879   Studium in Bonn. Reisen nach England

1878   Berliner Kongreß: Entfremdung zwischen Deutschland und Rußland. Zwei Attentate auf Kaiser Wilhelm I. veranlassen Bismarck zum «Sozialistengesetz» (aufg. 1890). – Hofprediger Adolf Stoecker gründet mit Adolph Wagner die «Christlich-soziale Arbeiterpartei»

1879   Zweibund zwischen Deutschland und Österreich-Ungarn. – 14. Februar: Heimliche Verlobung Wilhelms mit Prinzessin Auguste Viktoria von Schleswig-Holstein-Sonderburg-Augustenburg. – 2. Juni: Offizielle Proklamation der Verlobung. – Oktober: wieder im aktiven Dienst in Potsdam

1881   27. Februar: Großes Vermählungsfest. – Wird zum Major im Leib-Garde-Husarenregiment, später im 1. Garde-Feldartillerie-Regiment ernannt. – Deutschland hat 22 chemische Fabriken mit 90 Prozent Auslandsproduktion. – Alexander II. von Rußland ermordet

1882   Zweibund wird durch Beitritt Italiens zum Dreibund erweitert. – 6. Mai: Geburt des ersten Sohnes Prinz Wilhelm

1883	7. Juli: Geburt des zweiten Sohnes Prinz Eitel Friedrich. – Beginn der Sozialversicherungs-Gesetzgebung
1884	14. Juli: Geburt des dritten Sohnes Prinz Adalbert. – Carl Peters erwirbt Deutsch-Ostafrika. Gründung deutscher Kolonien in Südwestafrika, Togo, Neu-Guinea, Bismarck-Archipel und auf den Marschall-Inseln
1885	September: Oberst des Leib-Garde-Husarenregiments. – Erste Leipziger Messe
1887	Der geheime deutsch-russische Rückversicherungsvertrag tritt in Kraft. – 26. Januar: Geburt des vierten Sohnes Prinz August Wilhelm (Auwie). – 5. November: Kronprinz Friedrich erkrankt. – 17. November: Der Kaiser vertraut dem jungen Prinzen die Erledigung der laufenden Regierungsgeschäfte an
1888	27. Januar: Ernennung zum Generalmajor. – 9. März: Tod Wilhelms I. – 10. März: Kaiser Friedrich verläßt San Remo und kommt nach Berlin. – 15. Juni: Tod Friedrichs III. – Regierungsantritt als Wilhelm II. König von Preußen, Deutscher Kaiser. Erste Erlässe an Armee und Marine. Reisen durch Europa. – 27. Juli: Geburt des fünften Sohnes Prinz Oskar
1889	1. Juli: Erste Nordland-Reise mit Graf Eulenburg als Begleiter. Städtebesuche, Empfänge, Paraden von jetzt ab bis 1914
1890	7. Januar: Tod der Kaiserin Auguste, seiner Großmutter. – 4. Februar: Erlaß über die Arbeiterfrage. – 20. März: Bismarcks Entlassung. Nachfolger: General Caprivi. – 27. März: Entlassung von Bismarcks Sohn, Graf Herbert, aus dem Staatsdienst. – 17. Dezember: Geburt des sechsten Sohnes Prinz Joachim. – Der geheime Rückversicherungsvertrag mit Rußland wird nicht erneuert. – Aufhebung des Sozialistengesetzes. Arbeiterschutz-Konferenz in Berlin unter Protektorat von Wilhelm II.
1891	25. April: Tod des Feldmarschalls Helmuth von Moltke. Erneuerung des Dreibunds. – «Gesetz betr. Invaliditäts- und Altersversicherung» wird zum Vorbild aller ausländischen Versicherungen. – «Alldeutscher Verband» wird gegründet. SPD proklamiert «Erfurter Programm»
1892	Französisch-preußisches Bündnis. – 13. September: Als siebtes Kind: Prinzessin Viktoria Luise
1893	Russischer Zollkrieg gegen Deutschland (bis 1894). – 18. Oktober: Enthüllung des Denkmals Wilhelms I. (später mindestens ein Kaiser-Wilhelm-Denkmal pro Jahr eingeweiht oder Grundstein gelegt)
1894	Wilhelm II.: Sang an Ägir. – Bismarck zum Kaisergeburtstag nach Berlin eingeladen. – Abschied Caprivi, Fürst Hohenlohe neuer Reichskanzler. – Alexander III. von Rußland gestorben. Neuer Zar Nikolaus II. (bis 1917). – Präsident Carnot in Lyon ermordet, Casimir Périer Präsident der Republik Frankreich. – Beginn der Affäre Dreyfus in Frankreich. – Zweibund Frankreich–Rußland
1895	Eröffnung des Kaiser-Wilhelm-Kanals. – Wilhelm II. zu Bismarcks 80. Geburtstag in Friedrichsruh. – Frankreich erobert Madagaskar. – Alfred Nobel stiftet Nobelpreis

1896	2. Januar: Telegramm Wilhelms II. an Ohm Krüger, Präsident der Südafrikanischen Republik. – 18. Januar: Amnestie-Erlaß für Armee und Marine anläßlich der 25. Jahrfeier der Reichsgründung. – Einweihung der Porta Westphalica. – Zar Nikolaus II. in Paris. – Krieg Italiens gegen Abessinien (Friede zu Addis Abeba). – 28. Oktober: Besuch Wilhelms II. bei Krupp in Essen
1897	Wilhelm II. und Zar Nikolaus II. treffen sich in Kronstadt. – Hottentottenaufstand in Deutsch-Südwestafrika. – Krieg Griechenland–Türkei um Kreta, das bei Griechenland bleibt. – Tirpitz übernimmt das Reichsmarineamt (Beginn der Flottenpolitik). – Graf Bülow wird Staatssekretär des Äußeren, prägt im Reichstag das Schlagwort «Platz an der Sonne». – Kiautschou wird von Deutschland für 99 Jahre gepachtet (Vertrag mit China). – Funktelegrafie durch Marconi
1898	30. Juli: Bismarck stirbt. – Erster Verständigungsversuch Englands. – Faschoda-Krise zwischen England und Frankreich wegen Rivalität um Ägypten
1899	Erste Friedenskonferenz in Den Haag. – Zweites britisches Annäherungsangebot. – Unterwerfung der Buren (bis 1902). – Deutschland erwirbt die Karolinen und Teile von Samoa durch Kauf. – Reichstag lehnt «Zuchthausvorlage» ab (Bestrafung von Streikführern). In Deutschland seit 1890: 3750 Streiks mit 405 000 Beteiligten
1900	Deutscher Gesandter von Ketteler ermordet. Boxer-Aufstand in China. Europäische Großmächte erobern Peking. Wilhelm II. entläßt China-Truppe in Wilhelmshaven mit «Hunnen-Rede». – Fürst Bülow wird Reichskanzler. – Zweites deutsches Flottengesetz sieht starke Erweiterung der Seestreitkräfte vor. – König Humbert I. von Italien ermordet, Viktor Emanuel III. wird König (bis 1946). – Krisenjahr der deutschen Wirtschaft. – Das Bürgerliche Gesetzbuch (bis heute gültig). Die «lex Heinze» gegen Unsittlichkeit wird Gesetz (beantr. 1892)
1901	Victoria, Königin von Großbritannien, stirbt. Edward VII. König (bis 1910). – 5. August: Kaiserin Friedrich stirbt. – Theodore Roosevelt wird Präsident der USA (bis 1909). – Britisch-deutsche Bündnisversuche scheitern (dritte Annäherung). – Siegesallee im Berliner Tiergarten mit 32 Hohenzollern-Statuen eingeweiht
1902	Italien erneuert Dreibund. – Abschluß des italienisch-französischen Rückversicherungsvertrages. – Friede von Pretoria beendet Burenkrieg. – Konzession für den Bau der Bagdad-Bahn
1903	Herero-Aufstand in Deutsch-Südwestafrika (bis 1906). – Alexander von Serbien (mit Gattin Draga Maschin) ermordet, Nachfolger Peter I. – Lenin wird Führer der Bolschewisten
1904	Edward VII. Gast der Kieler Woche. – Ausbruch des Russisch-Japanischen Krieges (erste Schützengräben). – 1. Oktober: Abschluß der englisch-französischen Entente cordiale. – Hottentottenaufstand unter Hendrik Witboi (1908 niedergeschlagen)
1905	Erste russische Revolution. – Landung des Kaisers in Tanger. – Begegnung Wilhelms II. mit Nikolaus in Björkö. – Schlieffen-Plan des deutschen Generalstabs. – Erneuerung des englisch-japanischen Bündnisses

1906	Konferenz von Algeciras. – Entlassung Holsteins. – Geniestreich des «Hauptmanns von Köpenick». – Bismarck-Denkmal in Hamburg (von Lederer)
1907	Zweite Haager Friedenskonferenz. – Verlängerung des Dreibunds. – Abschluß englisch-russische Konvention über Asien. – Bülow-Block der Rechtsparteien im Reichstag (gegen Zentrum und SPD). – England–Frankreich–Rußland: Triple-Entente
1908	Zusammenkunft Edwards VII. mit dem Zaren in Reval. – Donaumonarchie annektiert Bosnien und die Herzegowina. – Unabhängigkeitserklärung Bulgariens. – 28. Oktober: «Daily Telegraph»-Affäre. – Ludendorff wird Chef der Aufmarschabteilung im deutschen Generalstab (bis 1912). – Flottengesetz von Tirpitz
1909	Wilhelm II. in Wien, trifft in den finnischen Schären Nikolaus II., besucht in Venedig König Viktor Emanuel. – Edward VII. in Berlin, besucht in Paris Fallières, in Biarritz Alfons XIII. von Spanien, in Baja Viktor Emanuel. – Albert I. wird König der Belgier. – Bülow wird entlassen, Bethmann Hollweg deutscher Reichskanzler (bis 1917)
1910	Edward VII. stirbt, Georg V. König von England. – Panslawischer Kongreß in Sofia. – Expräsident Roosevelt bei Wilhelm II. – Annexion Koreas durch Japan
1911	Gründung der «Kaiser-Wilhelm-Gesellschaft» zur Förderung der Wissenschaften. – Zweite Marokko-Krise durch «Panthersprung» bei Agadir. – Tirpitz wird Großadmiral. – Lloyd Georges Drohrede gegen Deutschland. – Churchill Erster Lord der Admiralität. – Joffre französischer Generalstabschef. – Italienisch-Türkischer Krieg (bis 1912). – Zweite Erneuerung des englisch-japanischen Bündnisses. Deutsch-französisches Abkommen über Marokko
1912	Erneuerung des Dreibunds Deutschland–Österreich–Italien. – SPD wird mit 110 Sitzen stärkste Fraktion im Reichstag. – Internationaler Sozialistenkongreß erläßt Manifest gegen den Krieg. – Untergang der «Titanic». – Deutscher Kolonialbesitz drei Mill. qkm mit 12 Mill. Einwohnern. Ausfuhr: 54,5 Mill. RM, Einfuhr: 58,6 Mill. RM, Umsatz rund 2 % des Volkseinkommens
1912–1913	Balkankriege. Erster Krieg: Serbien, Montenegro, Griechenland und Bulgarien gegen die Türkei. Zweiter Krieg: Serbien, Griechenland, Rumänien und die Türkei gegen Bulgarien
1913	Georg V. und Nikolaus II. in Berlin bei der Hochzeit der Tochter Wilhelms Viktoria Luise. – Fünfundzwanzigjähriges Regierungsjubiläum, Jahrhundertfeier der Befreiungskriege 1813. – Poincaré französischer Staatspräsident (bis 1920). – Friedensschluß in Bukarest und Athen, die Türken verlieren nahezu sämtlichen europäischen Besitz. – König Georg I. von Griechenland in Saloniki ermordet, Nachfolger Konstantin I. – Wilson Präsident der USA (bis 1921), verkündet innerpolitisches Programm «Neue Freiheit». – Atomkernlehre von Niels Bohr ausgebaut. – August Bebel stirbt
1914	28. Juni: Ermordung des österreichischen Thronfolgers, Erzherzog Franz Ferdinand, in Sarajewo. – 23. Juli: Österreichisches Ultimatum an Serbien. – 25. Juli: Ausweichende Antwort Serbiens. Serbische Mobilmachung. Österreichische Mobilmachung. – 28. Juli: Österrei-

chische Kriegserklärung an Serbien. – 30. Juli: Russische Gesamtmo-
bilmachung. – 31. Juli: «Zustand drohender Kriegsgefahr» in
Deutschland. Deutsches Ultimatum an Rußland. Deutsche Anfrage
in Paris, ob Frankreich in einem russisch-deutschen Krieg neutral
bliebe. Ermordung des Sozialistenführers Jaurès in Paris. – 1. August: Französische Mobilmachung. Deutsche Kriegserklärung an
Rußland. – 2. August: Deutsches Ultimatum an Belgien. Mobilmachung der englischen Flotte. Italien bestätigt seine Neutralität. – 3.
August: Deutsche Kriegserklärung an Frankreich. Beginn des deutschen Einmarschs in Belgien. – 4. August: Englische Kriegserklärung
an Deutschland. Kriegstagung des Deutschen Reichstags: die Kriegskredite einstimmig angenommen. – 23.–31. August: Schlacht bei
Tannenberg. – 5.–12. September: Schlacht an der Marne. Ende des
deutschen Vormarschs im Westen. Rückzugsbefehl an die 1., 2. und
3. Armee. Übergang zum Stellungskampf im Westen. – Oktober:
Schlacht bei Ypern. – 11. November: Verlustreicher deutscher Sturm
auf Langemarck. Bis Ende 1914: Verlust der deutschen Kolonien.
Lettow-Vorbeck hält bis 1918 Deutsch-Ostafrika gegen feindliche
Übermacht

1915	Beginn der englischen Blockade und des deutschen U-Boot-Krieges. – April–Oktober: Deutsch-türkischer Abwehrsieg gegen englische Landung auf der türkischen Halbinsel Gallipoli. – 7. Mai: Versenkung der «Lusitania». Verschärfung der deutsch-amerikanischen Beziehungen. – 23. Mai: Italienische Kriegserklärung an Österreich-Ungarn. – Juni: Beginn der Isonzo-Schlacht (bis 1916). – 28. August: Italienische Kriegserklärung an Deutschland
1915–1916	Erneute russische Offensive in Galizien; deutsch-österreichische Gegenoffensive
1916	Februar–September: Schlacht bei Verdun. – 31. Mai–1. Juni: Seeschlacht am Skagerrak. – Juni–Dezember: Schlachten an der Somme. – 27. August: Kriegseintritt Rumäniens
1917	1. Februar: Beginn des uneingeschränkten U-Boot-Krieges. – 15. März: Erste (sozialistische) Revolution in Rußland. Abdankung des Zaren Nikolaus II. – 6. April: Kriegserklärung der USA an Deutschland. – 9. April: Lenin reist von Zürich durch Deutschland nach Rußland. – 1. August: Papst Benedikt XV. versucht Friedensvermittlung
1918	Deutsch-russischer Friedensvertrag in Brest-Litowsk (später annulliert). Zusammenbruch von Österreich und der Türkei. Marschall Foch schlägt im Gegenangriff die deutsche Westarmee. – 16. Juli: Ermordung der Zarenfamilie. – 3. Oktober: Prinz Max von Baden wird Reichskanzler, Eintritt der Sozialdemokraten in die Regierung. – 5. Oktober: Waffenstillstandsgesuch an die USA auf Grund der 14 Wilsonschen Punkte. – 26. Oktober: Ludendorffs Verabschiedung. – Ab 3. November: Meuterei der Matrosen in Kiel, rasches Übergreifen auf alle größeren Städte. – 7. November: Abdankung des Königs von Bayern. – 9. November: Max von Baden verkündet Abdankung des Kaisers. Ebert Reichskanzler. Scheidemann (Sozialdemokrat) ruft Republik aus. – 10. November: Der Kaiser verläßt

Deutschland. – 11. November: Waffenstillstandsabkommen in Compiègne. Ankunft des Kaisers in Schloß Amerongen. – 28. November: Ankunft der Kaiserin in Amerongen. Der Kaiser unterzeichnet seine Abdankungserklärung

1919 20. Januar: Die Niederlande lehnen Auslieferung des Kaisers ab. – 21. Juni: Selbstversenkung der deutschen Flotte bei Scapa Flow. – 28. Juni: Unterzeichnung des Friedensvertrages in Versailles. – 12. Juli: Aufhebung der Hungerblockade. – 16. August: Der Kaiser kauft Haus Doorn

1920 11. April: Tod der Kaiserin Auguste Viktoria in Doorn

1922 5. November: Zweite Heirat mit Hermine Prinzessin Schönaich-Carolath

1923 1. Juni: 1 Dollar = 75 000 Mark. – 15. November: 1 Dollar = 4,2 Billionen Mark. Einführung der deutschen Rentenmark (im Verhältnis 1:1 Billion) beendet die Inflation

1925 Generalfeldmarschall von Hindenburg wird deutscher Reichspräsident

1932 Wiederwahl Hindenburgs im zweiten Wahlgang gegen Hitler und Thälmann

1933 30. Januar: Hitler wird Reichskanzler, Machtübernahme durch die NSDAP

1938 9. November: Judenpogrom in Deutschland («Kristallnacht»)

1939 15. März: Einmarsch deutscher Truppen in die Tschechoslowakei. – 1. September: Deutscher Angriff auf Polen, Beginn des Zweiten Weltkriegs

1940 17. Juni: Wilhelm II. gratuliert Hitler telegrafisch zur Einnahme von Paris

1941 4. Juni: Exkaiser Wilhelm II. stirbt in Doorn

ZEUGNISSE

THEODOR FONTANE

Er hat eine Million Soldaten und will auch hundert Panzerschiffe haben – er träumt (und ich will ihm diesen Traum hoch anrechnen) von einer Demütigung Englands. Deutschland soll obenan sein, in all und jedem. Das alles – ob es klug und ausführbar ist, laß ich dahingestellt sein – berührt mich sympathisch und ich wollte ihm auf seinem Turmseilwege willig folgen, wenn ich sähe, daß er . . . die richtige Balancierstange in Händen hätte. Das hat er aber nicht. Er will, wenn nicht das Unmögliche, so doch Höchstgefährliche, mit falscher Ausrüstung, mit unausreichenden Mitteln. Er glaubt das Neue mit ganz Altem besorgen zu können, er will Modernes aufrichten mit Rumpelkammerwaffen. Er sorgt für neuen Most und weil er den alten Schläuchen nicht mehr traut, umwickelt er eben diese alten Schläuche mit immer dickerem Bindfaden und denkt: nun wird es halten. Es wird aber nicht halten . . . Was der Kaiser mutmaßlich vorhat, ist mit «Waffen» überhaupt nicht zu leisten; alle militärischen Anstrengungen kommen mir vor, als ob man anno 1400 alle Kraft darauf gerichtet hätte, die Ritterrüstung kugelsicher zu machen – statt dessen kam man aber schließlich auf den einzig richtigen Ausweg, die Rüstung ganz fortzuwerfen.

1897

LUDWIG THOMA

Gerade der merkwürdige Hang zum Opernhaften hat unser loyales Bürgertum dazu gebracht, in Wilhelm II. die Verkörperung des Ideals zu sehen. Welche epischen Gefühle hat jede Vergnügungsreise des Herrschers ausgelöst! Welche Lyrismen sind gesagt und geschrieben worden, wenn nichts geschah als die Abnahme einer Parade. Kein Ding konnte mehr nüchtern und in der Stille geschehen; auch das Einfachste vollzog sich in bengalischer Beleuchtung. Die bourgeoise Phantasie war täglich angeregt und aufgeregt durch die Persönlichkeit des Kaisers. In allem letzte und höchste Instanz, fand Wilhelm II. nirgends Widerspruch; auch da nicht, wo er ihn suchte.

1908

WALTHER RATHENAU

Zur Tragik fehlte dem Kaiser das Bewußtsein, ja selbst das unbewußte Gefühl des Problems . . . Zum Zweifel und Rätsel wurde ihm nichts, und seine echte Religiosität verharrte in der Sphäre dynastischer Kirchlichkeit . . . Zur Genialität fehlte ihm die Richtkraft aus der Tiefe der Seele, die Phantasie aus ihrer Höhe. Seine Fassungskraft auf intellektuellem

Gebiet war ungemessen; sein Denken unermüdlich und scharf in herge-
brachten Formen; sein Wort interessant und wirksam, oft bewegend,
niemals zwingend. Die Beschäftigung mit dem Ich wurde nie über-
wunden.

1919

EGON FRIEDELL

Wilhelm der Zweite hat in gewissem Sinne tatsächlich die Aufgabe eines
Königs vollkommen erfüllt, indem er fast immer der Ausdruck der
erdrückenden Mehrheit seiner Untertanen gewesen ist, der Verfechter
und Vollstrecker ihrer Ideen, der Repräsentant ihres Weltbildes. Die
meisten Deutschen waren nichts anderes als Taschenausgaben, verklei-
nerte Kopien, Miniaturdrucke Kaiser Wilhelms – und dies hat sogar das
Ausland sehr deutlich empfunden. Er hieß schlichtweg «Le Kaiser», «The
Kaiser», wie man Napoleon in ganz Europa «l'Empereur» nannte; dies ist
allerdings der einzige Punkt, worin er sich mit Napoleon berührte.

1927

WINSTON CHURCHILL

Die Wahrheit ist jedoch, daß kein Menschenwesen jemals in eine solche
Stellung und Lage hätte versetzt werden dürfen. Auf dem deutschen
Volk ruht eine gewaltige Verantwortung für seine Unterwürfigkeit unter
den barbarischen Gedanken der Selbstherrschaft. Dies ist die Hauptbe-
schwerde, welche die Geschichte gegen die Deutschen vorbringen muß –
daß sie trotz all ihres Verstandes und ihres Mutes die Macht anhimmel-
ten und sich an der Nase herumführen ließen.

GOLO MANN

Über den Kaiser ist so viel Unfreundliches geschrieben worden, daß man
zögert, dem noch etwas hinzuzufügen . . . Er war kein böser Mensch. Er
wollte geliebt werden, nicht Leid verursachen. Zu blutrünstigen Reden
konnte er sich verirren; blutiges Handeln lag ihm gar nicht. Überhaupt
das Handeln nicht. Er war faul und vergnügungssüchtig. Feste feiern,
reisen, sich den Leuten zeigen, hoch zu Roß seine Garden zum Manöver-
sturme führen, mit Seinesgleichen bei fürstlichen Banketten Toaste
wechseln, in der Hofloge sitzen, angetan wie ein Pfau, mit den Blicken ins
Publikum, Schnurrbart streichend, huldvoll strahlend, das war seine Art.
Und so hätte er es gern bis ans Ende seiner Tage getrieben: ein ewiges,
goldenes, militärisches, friedliches Schauspiel das öffentliche Leben, und
er im Mittelpunkt.

1958

Das Eigenartige an der historischen Erscheinung Kaiser Wilhelms II. ist nun, daß er . . . sich allen Ernstes vornahm, ein «moderner» Kaiser zu sein – und es auch wurde. Nur daß er mit erstaunlichem Gespür witterte, wie hinter der unabweislichen – aber von ihm als solche gar nicht begriffenen – Notwendigkeit einer liberal-sozialen Umstrukturierung der sich soeben formierenden deutschen Industriegesellschaft bereits etwas ganz anderes, ungleich moderneres im Anzug war . . . Er löste sich nicht von dem ererbten Absolutismus, sondern übersteigerte ihn zu einer ganz aufs Persönliche zugeschnittenen Kombination von König, Kaiser, Oberster Kriegsherr, Sprecher der Nation, alles eigenster Machart, wobei er sich aus den verschiedenen Funktionen das für ihn jeweils Verlockendste herauspickte. In der heutigen Terminologie gesprochen, was ihn unaufhörlich beschäftigte und völlig absorbierte, war sein selbstherrliches, von missionarischem Drang erfülltes Führer-Image weltweiten Formats.

1971

BIBLIOGRAPHIE

Die Literatur über Wilhelm II. und die Zeit des «Wilhelminismus» ist so umfangreich, daß es unmöglich ist, im vorliegenden Rahmen einen auch nur einigermaßen angemessenen Überblick zu vermitteln. In dieser Bibliographie werden die Schriften Wilhelms II. sowie Werke über seine Person und Politik angeführt. Für weitergehende Beschäftigung mit der deutschen Geschichte jener Zeit folgen sodann eine Reihe von Titeln, die sich mit Aspekten des «Wilhelminismus» beschäftigen. Dabei wurde das Schwergewicht auf neuere Arbeiten bzw. neue Ausgaben gelegt.

1. Schriften und Reden Wilhelms II.

Erlasse und Reden Sr. Majestät des Kaisers und Königs W II. vom 15. Juni 1888 bis 14. Juni 1889. Berlin 1889
Ansprachen und Erlasse Sr. Majestät des Kaisers aus den Jahren 1888, 1889, 1890. Zus.gestellt von Dr. BAUMANN. Leipzig 1891
Kaiser Wilhelm II. als Redner. Leipzig [1895–96]
Die Reden Kaiser W.s II. 1888 [–1912]. 4 Tle. Hg. von JOHANN PENZLER [Tl. 4 von B. KRIEGER]. Leipzig 1897–1913
Die siebente Seepredigt... des Kaisers W II.... Barmen [²1900]
Kaiserreden. Leipzig 1902
Reden. Leipzig 1912
Der ist der Mann, der beten kann! München-Gladbach o. J. [1915]
Haltet an im Gebet. Predigt Sr. Majestät... Mergentheim o. J. [1915]
Worte und Predigt... Pforzheim o. J. [1915]
Kaiserworte. Ausgew. von FRIEDRICH EVERLING. Berlin ²1917
Briefe und Telegramme W.s II. an Nikolaus II. Hg. von HELLMUTH VON GERLACH. Wien 1920
Briefe an den Zaren 1894–1914. Hg. von W. GOETZ. Leipzig 1920
Vergleichende Geschichtstabellen 1878–1914. Leipzig 1921
Ereignisse und Gestalten aus den Jahren 1878–1918. Leipzig 1922
Erinnerungen an Korfu. Berlin 1924
Jugenderinnerungen. Leipzig 1926
Aus meinem Leben 1859–1888. Leipzig 1927
Meine Vorfahren. Berlin 1929
Das Wesen der Kultur. Leipzig 1931 [Privatdruck]
Die chinesische Monade. Leipzig 1934
Studien zur Gorgo. Berlin 1936
Vergleichende Zeittafeln der Vor- und Frühgeschichte Vorderasiens, Ägyptens und der Mittelmeerländer. Leipzig 1936
Das Königtum im alten Mesopotamien. Leipzig 1938
Ursprung und Anwendung des Baldachins. Amsterdam 1939
Reden Kaiser W.s II. Hg. von AXEL MATTHES. München 1976
Reden des Kaisers. Hg. von ERNST JOHANN. München 1977 [Neuauflage]

2. Dokumentationen, Bibliographien, Quellen

Amtliche Aktenstücke zur Geschichte der europäischen Politik 1885–1914. 9 Bde. Hg. von B. SCHWERTFEGER. Berlin 1925

Bibliographie zur Geschichte der dt. Arbeiterschaft und Arbeiterbewegung 1863–1914. Berichtszeitraum 1945–1975. Hg. von KLAUS TENFELDE und GERHARD A. RITTER. Bonn 1981

Die dt. Dokumente zum Kriegsausbruch 1914. 4 Bde. Hg. von M. MONTGELAS und W. SCHÜCKING. Berlin ²1921

Dokumente und Materialien zur Geschichte der Arbeiterbewegung. Bd. 3–4. Berlin 1974–75

Dokumente und Materialien zur Kulturgeschichte der dt. Arbeiterbewegung 1848–1918. Hg. von P. VON RÜDEN, und K. KOSZYK. Frankfurt a. M. u. a. 1979

Dokumente zur dt. Geschichte. 3 Bde. Berlin 1976

Die große Politik der Europäischen Kabinette 1871–1914 [ab Bd. 14]. Hg. von J. LEPSIUS, A. MENDELSSOHN-BARTHOLDY, und F. THIMME. Berlin 1924 ff.

Quellen zur dt. Außenpolitik im Zeitalter des Imperialismus 1890–1911. Hg. von M. BEHNEN. Darmstadt 1977

Quellen zur dt. Innenpolitik, 1890–1914. Hg. von HANS FENSKE. Darmstadt 1991

Quellen zur Geschichte des dt. Protestantismus (1871–1945). Hg. von K. KUPISCH. München, Hamburg ²1965

Quellenkunde zur dt. Geschichte der Neuzeit von 1500 bis zur Gegenwart. Hg. von WINFRIED BAUMGART. Bd 5, T.1–2. Darmstadt ²1991

Stenographische Berichte der Verhandlungen des Dt. Reichstages von 1871–1918

3. Biographien Wilhelms II.

BALFOUR, MICHAEL: The Kaiser and his Times. London 1964 – U.d.T.: Kaiser W II. und seine Zeit. Frankfurt a. M. u. a. 1979

CHAMIER, J. DANIEL: Ein Fabeltier unserer Zeit. Berlin 1937 – U.d.T.: W II. der dt. Kaiser. München u. a. 1989

COWLES, VIRGINIA: W der Kaiser. Frankfurt a. M. 1965 – U.d. T.: W II. München ⁶1990

KRACKE, FRIEDRICH: Prinz und Kaiser. München 1960

KÜRENBERG, JOACHIM VON [d.i. J. VON REICHEL]: War alles falsch? Bonn 1951

LAMPRECHT, KARL: Der Kaiser. Berlin 1913

LIMAN, PAUL: Der Kaiser. Berlin 1904

LUDWIG, EMIL: W der Zweite. Berlin 1926 – Neuausg. 1977

MANN, GOLO: W II. München u. a. 1964

PALMER, ALAN: Kaiser W II. Wien u. a. 1982

ROSNER, KARL: Der König. Stuttgart, Berlin 1921

SCHÜSSLER, WILHELM: Kaiser W II. Göttingen 1962

TYLER WHITTLE, MICHAEL: Kaiser W II. München 1979

Wilhelm der Zweite. Bearb. von J. A. DE JONGE. Köln, Wien 1988

4. Studien zu Person, Leben und Politik Wilhelms II.

AYME, FRANCIS: Kaiser W II. und seine Erziehung. Leipzig 1898

BENSON, E. F.: The Kaiser and English Relations. London 1936

BENTINCK, NORA: Der Kaiser im Exil. Berlin 1921

BESELER, DORA VON: Der Kaiser im englischen Urteil. Berlin 1932

BOELCKE, WILLI: Krupp und die Hohenzollern. Berlin 1956

BUCHNER, MAX: Kaiser W II. Leipzig 1929

CHAMBERLAIN, HOUSTON ST.: Briefwechsel mit W II. Leipzig 1928

Drei dt. Kaiser. Wilhelm I. – Friedrich III. – W II. Hg. von WILHELM TREUE. Freiburg, Würzburg 1987

EYCK, ERICH: Die Monarchie W.s II. Berlin 1924

–: Das persönliche Regiment W.s II. Zürich 1948

FRANKE, LYDIA: Die Randbemerkungen W.s II. Leipzig 1934

FRIEDLÄNDER, ADOLF A.: W II. Eine polit.-psychol. Studie. Halle ^{2}1919

GISEVIUS, HANS BERND: Der Anfang vom Ende. Zürich 1971

HAMMANN, OTTO: Um den Kaiser. Berlin 1919

–: Bilder aus der letzten Kaiserzeit. Berlin 1922

HARTUNG, FRITZ: Das persönliche Regiment Kaiser W.s II. Berlin 1952

HINZPETER, GEORG: Kaiser W II. Eine Skizze nach der Natur gezeichnet. Bielefeld 1888

HOENSBROECH, PAUL GRAF VON: W.s II. Abdankung und Flucht. Berlin 1919 – Repr. Bremen 1985

Hohenzollern-Jahrbuch 1–20. Leipzig 1897–1916

ILSEMANN, SIGURD V.: Der Kaiser in Holland. 2 Bde. München 1967–68

Kaiser W II. New Interpretations. Hg. von J. C. G. RÖHL und N. SOMBART. Cambridge u. a. 1982

KLEINSCHROD, FRANZ: Die Geisteskrankheit W.s II. Wörrishofen 1919

KLIERSFELD, J.: Die Haltung Kaiser W.s II. zur Arbeiterbewegung und zur Sozialdemokratie. Kallmünz 1933

KOESTER, ADOLF: W II. als Diplomat. Berlin 1921

KRACKE, FRIEDRICH: Prinz und Kaiser. W II. im Urteil seiner Zeit. München 1960

KRIEGER, BOGDAN: Der Kaiser im Felde. Berlin 1916

KURTZ, HAROLD: The Second Reich. Kaiser W II. and his Germany. London, New York 1970

LERCHENFELD-KÖFERING, HUGO GRAF: Kaiser W II. als Persönlichkeit und Herrscher. Hg. von DIETER ALBRECHT. Kallmünz 1985

Der letzte Kaiser. W II. im Exil. Hg. von HANS WILDEROTTER und KLAUS D. POHL. Gütersloh, München 1991 [Katalog]

LUTZ, HERMANN: W II. periodisch geisteskrank. Leipzig 1919

MARSCHALL, BIRGIT: Reisen und Regieren. Die Nordlandfahrten Kaiser W.s II. Hamburg, Bremerhaven 1991

Der Ort Kaiser W.s II. in der dt. Geschichte. Hg. von JOHN C. G. RÖHL. München 1991

PONSOBY, FREDERIK: Briefe der Kaiserin Friedrich. Berlin 1929

RATHENAU, WALTHER: Der Kaiser. Berlin 1919

REVENTLOW, GRAF ERNST ZU: Kaiser W II. und die Byzantiner. München 1906

–: Von Potsdam nach Doorn. Berlin 1940

QUIDDE, LUDWIG: Caligula. Leipzig 1894

ROHDICH, WALTHER: Das Dreikaiserjahr 1888. Friedberg/H. 1987

RÖHL, JOHN C. G.: Kaiser, Hof und Staat. München ³1988

SCHMIDT-PAULI, EDGAR: Das wahre Gesicht W.s II. Berlin 1928

SCHÖNBRUNN, G.: W II. im Urteil französischer Politiker seiner Zeit. Marburg 1950

SCHRÖDER, EMILIE: Ein Tagebuch Kaiser W.s II. Breslau 1903

SMITH, ALSON: In Preußen keine Pompadour. Stuttgart 1965

STOLBERG-WERNIGERODE, OTTO GRAF ZU: W II. Lübeck 1935

STUTZENBERGER, ADOLF: Die Abdankung Kaiser W.s II. Berlin 1937

TESDORPF, PAUL: Die Krankheit W.s II. München 1919

THOMA, LUDWIG: Die Reden Kaiser W.s II. München 1965

Unter W II. 1890–1918. Hg. von HANS FENSKE. Darmstadt 1982

WERNER-KAUTZSCH: Hofgeschichten. Berlin 1925

WILE, FREDERIC WILLIAM: Rings um den Kaiser. Berlin 1913

ZECHLIN, EGMONT: Staatsstreichpläne Bismarcks und W.s II. 1890–1894. Stuttgart 1929

ZELINSKY, HARTMUT: Sieg oder Untergang. Sieg und Untergang. Kaiser W II., die Werk-Idee Richard Wagners und der «Weltkampf». München 1990

5. Memoiren, Tagebücher und Briefe von Zeitgenossen

Aus dem Leben des Fürsten Philipp zu Eulenburg-Hertefeld. Hg. von JOHANNES HALLER. Berlin 1924

BERNSTORFF, JOH. HEIN. GRAF: Erinnerungen und Briefe. Leipzig 1936

BETHMANN HOLLWEG, THEOBALD VON: Betrachtungen zum Weltkriege. 2 Bde. Berlin 1922

BISMARCK, FÜRST OTTO VON: Gedanken und Erinnerungen Bd. III. Stuttgart, Berlin 1922 u. ö.

BONN, M. J.: So macht man Weltgeschichte. München 1953

BÜLOW, FÜRST BERNHARD V.: Denkwürdigkeiten. 4 Bde. Berlin 1930–31

ECKARDSTEIN, FREIHERR HERMANN: Lebenserinnerungen und politische Denkwürdigkeiten. 3 Bde. Leipzig 1919–21

ERZBERGER, M.: Erlebnisse im Weltkrieg. Stuttgart, Berlin 1920

EULENBURG-HERTEFELD, PHILIPP FÜRST ZU: Mit dem Kaiser als Staatsmann und Freund auf Nordlandreisen. 2 Bde. Dresden 1931

EULENBURG UND HERTEFELD, PHILIPP FÜRST ZU: Politische Korrespondenz. 3 Bde. Boppard 1976–83

GROENER, WILHELM: Lebenserinnerungen. Göttingen 1957

GUTTMANN, BERNHARD: Schattenriß einer Generation. Stuttgart 1950

HERMINE, KAISERIN: My Days in Doorn. New York 1928

HERTLING, KARL GRAF VON: Ein Jahr in der Reichskanzlei. Freiburg 1919

HILLARD-STEINBÖMER: Herren und Narren der Welt. München 1954

HOHENLOHE-SCHILLINGSFÜRST, CHLODWIG FÜRST ZU: Denkwürdigkeiten aus der Reichskanzlerzeit. Hg. von KARL A. VON MÜLLER. Stuttgart, Berlin 1931

HOLSTEIN, FRIEDRICH VON: Die geheimen Papiere. 4 Bde. Hg. von WERNER FRAUENDIENST. Göttingen 1956–65

JONAS, KLAUS W.: Der Kronprinz. Frankfurt a. M. 1963

KELLER, M. GRÄFIN VON: 40 Jahre im Dienst der Kaiserin. Leipzig 1935

KÜHLMANN, RICHARD V.: Erinnerungen. Heidelberg 1948

LERCHENFELD-KOEFERING, HUGO GRAF: Erinnerungen und Denkwürdigkeiten. Berlin 1935

LICHNOWSKY, FÜRST: Auf dem Weg zum Abgrund. Dresden 1927

LUDENDORFF, ERICH: Meine Kriegserinnerungen. Berlin 1919

MAX, PRINZ VON BADEN: Erinnerungen und Dokumente. Stuttgart u. a. 1927

MICHAELIS, G.: Für Staat und Volk. Berlin 1922

MOLTKE, HELMUTH VON: Erinnerungen, Briefe, Dokumente 1877–1915. Stuttgart 1922

MONTS, ANTON GRAF: Erinnerungen und Gedanken des Botschafters. Berlin 1932

MÜLLER, GEORG ALEXANDER V.: Regierte der Kaiser? Hg. von WALTER GÖRLITZ. Göttingen 1959

–: Der Kaiser... Göttingen 1965

NIEMANN, ALFRED: Wanderungen mit W II. Leipzig 1924

PAYER, FRIEDRICH: Von Bethmann-Hollweg bis Ebert. Frankfurt 1923

RADZIWILL, MARIE FÜRSTIN: Briefe vom deutschen Kaiserhof (1889–1915). Hg. von PAUL WIEGLER. Berlin 1936

REISCHACH, HUGO FREIHERR V.: Unter drei Kaisern. Berlin 1925

RHEINBABEN, WERNER FREIHERR V.: Kaiser, Kanzler, Präsidenten. Mainz 1968

RICH, N.: Friedrich von Holstein. Politics and Diplomacy in the Era of Bismarck and William II. 2 Bde. Cambridge 1965

RIEZLER, K.: Tagebücher, Aufsätze, Dokumente. Hg. von KARL DIETRICH ERDMANN. Göttingen 1972

ROSEN, FRIEDRICH: Aus einem diplomatischen Wanderleben. 4 Bde. Berlin 1931–59

SCHOEN, WILHELM E. FREIHERR V.: Erlebtes. Stuttgart, Berlin 1921

SPITZEMBERG, BARONIN: Das Tagebuch. Hg. von RUDOLF VIERHAUS. Göttingen ⁴1976

STEIN, ADOLF: Es war alles ganz anders. Frankfurt a. M. 1922

STÜRGKH, JOSEPH GRAF V.: Im dt. Großen Hauptquartier. Leipzig 1921

TIRPITZ, ALFRED VON: Erinnerungen. Leipzig 1919

VALENTINI, RUDOLF V.: Kaiser und Kabinettschef. Oldenburg 1931

VIERECK, GEORGE S.: The Kaiser on Trial. London 1938

WALDERSEE, ALFRED GRAF V.: Denkwürdigkeiten. 3 Bde. Stuttgart, Berlin 1922–25

WEDEL, KARL GRAF ZU: Zwischen Kaiser und Kanzler. Leipzig 1943

WILHELM, KRONPRINZ: Erinnerungen. Hg. von KARL ROSNER. Stuttgart, Berlin 1922

WOLFF, THEODOR: Tagebücher 1914–1919. 2 Bde. Hg. von BERND SÖSEMANN. Boppard 1984

–: Der Marsch durch zwei Jahrzehnte. Amsterdam 1936 – Erw. Neuausg. u.d. T.: Die Wilhelminische Epoche. Hg. von BERND SÖSEMANN. Frankfurt a. M. 1989

ZEDLITZ-TRÜTZSCHLER: Zwölf Jahre am dt. Kaiserhof. Leipzig 1928

6. Das Deutsche Reich in der Zeit des «Wilhelminismus»

a) Überblicke, Allgemeines

BAUMGART, WINFRIED: Deutschland im Zeitalter des Imperialismus 1890–1914. Stuttgart u. a. ⁴1982

BÖHME, HELMUT: Deutschlands Weg zur Großmacht. Köln, Berlin 1966

BORN, KARL ERNST: Von der Reichsgründung bis zum Ersten Weltkrieg. (Gebhardt. Hdb. der dt. Geschichte. – Tb.-Ausgabe Bd. 16). München ¹³1990

BRANDENBURG, ERICH: Von Bismarck zum Weltkrieg. Berlin 1924

CONZE, WERNER: Die Zeit W.s II. und die Weimarer Republik. Tübingen u. a. 1964

DELBRÜCK, HANS: Krieg und Politik. Berlin 1919

DEUERLEIN, ERNST: Dt. Kanzler von Bismarck bis Hitler. München 1968

Das dt. Kaiserreich. Hg. von GERHARD RITTER. Göttingen 1975

ERLEY, GEOFF: Wilhelminismus, Nationalismus, Faschismus. Zur historischen Kontinuität in Deutschland. Münster 1991

FEHRENBACH, ELISABETH: Wandlungen des dt. Kaisergedankens 1871–1918. München 1969

GEISS, IMANUEL: Der lange Weg in die Katastrophe. Die Vorgeschichte des Ersten Weltkrieges, 1815–1914. München, Zürich ²1991

HALLGARTEN, GEORGE W. T.: Imperialismus vor 1914. 2 Bde. München 1951

HILLGRUBER, ANDREAS: Dt. Großmacht- und Weltpolitik im 19. und 20. Jahrhundert. Düsseldorf 1977

–: Die gescheiterte Großmacht. Düsseldorf 1980

HÖLZLE, ERWIN: Die Selbstentmachtung Europas. Das Experiment des Friedens vor und im Ersten Weltkrieg. Göttingen u. a. 1975

Imperial Germany. Hg. von J. J. SHEEHAN. New York 1976

Imperialistische Kontinuität und nationale Ungeduld im 19. Jahrhundert. Hg. von WOLFGANG REINHARD. Frankfurt a. M. 1991

Das kaiserliche Deutschland. Hg. von MICHAEL STÜRMER. Düsseldorf 1970

KLEIN, FRITZ: Deutschland 1897/98–1917. Berlin 1963

MANN, GOLO: Dt. Geschichte des 19. und 20. Jahrhunderts. Frankfurt 1958 u.ö.

Moderne dt. Sozialgeschichte. Hg. von HANS-ULRICH WEHLER. Köln ⁴1973

Ploetz – Das dt. Kaiserreich 1867/71 bis 1918. Bilanz einer Epoche. Hg. von DIETER LANGEWIESCHE. Freiburg, Würzburg 1984

REINERS, LUDWIG: In Europa gehen die Lichter aus. München 1954

SAUL, KLAUS: Staat, Industrie, Arbeiterbewegung im Kaiserreich. Zur Innen- und Außenpolitik des wilhelminischen Deutschland 1903–1914. Düsseldorf 1974

SCHMIDT, GUSTAV: Der europäische Imperialismus. München 1985

STIERE, FRIEDRICH: Deutschland und Europa 1890–1914. Berlin 1927

STÜRMER, MICHAEL: Das ruhelose Reich 1866–1918. Berlin 1983

WEHLER, HANS-ULRICH: Das Dt. Kaiserreich 1871–1918. Göttingen ⁵1983

Die Zerstörung der dt. Politik. Hg. von HARRY PROSS. Frankfurt a. M. 1959

b) Außen- und Kolonialpolitik

Drang nach Afrika. Die dt. koloniale Expansionspolitik und Herrschaft in Afrika... Hg. von HELMUT STOECKER. Berlin ²1991

FLÄSCHLE, CHRISTIAN: Rivalität als Prinzip. Die englische Demokratie im Denken des wilhelminischen Deutschland 1900–1914. Frankfurt a. M. u. a. 1991

GRÜNDER, HORST: Christliche Mission und dt. Imperialismus. Paderborn 1982

–: Geschichte der dt. Kolonien. Paderborn u. a. ²1991

Imperialismus und Kolonialmission. Kaiserliches Deutschland und koloniales Imperium. Wiesbaden 1982

JARAUSCH, K. H. : The Enigmatic Chancellor. Bethmann Hollweg and the Hubris of Imperial Germany. New Haven, London 1973

MAMOZAI, MARTHA: Herrenmenschen. Frauen im dt. Kolonialismus. Reinbek 1982

QUIDDE, LUDWIG: Auswärtige Politik. Berlin 1918

SCHINZINGER, F. : Die Kolonien des Dt. Reiches. Wiesbaden, Stuttgart 1984

STELTZER, H. G. : Die Deutschen und ihr Kolonialreich. Frankfurt a. M. 1984

VOGEL, BARBARA: Dt. Rußlandpolitik. Düsseldorf 1973

WEITOWITZ, ROLF: Dt. Politik und Handelspolitik unter Reichskanzler Leo von Caprivi 1890–1894. Düsseldorf 1978

WERNECKE, K. : Der Wille zur Weltgeltung. Außenpolitik und Öffentlichkeit im Kaiserreich am Vorabend des Ersten Weltkrieges. Düsseldorf 1970

WINZEN, P. : Bülows Weltmachtkonzept. Boppard 1977

c) Militär, Erster Weltkrieg und seine Vorgeschichte

BAUMGART, W. (Bearb.): Die Julikrise und der Ausbruch des Ersten Weltkrieges 1914. Darmstadt 1983

BERGHAHN, VOLKER R. : Rüstung und Machtpolitik. Zur Anatomie des «Kalten Kriegs» vor 1914. Düsseldorf 1973

BERGHAHN, VOLKER R., WILHELM DEIST: Rüstung im Zeichen der wilhelminischen Weltpolitik. Düsseldorf 1988

BUCHHEIM, K. : Militarismus und ziviler Geist. München 1964

EPKENHAUS, MICHAEL: Die wilhelminische Flottenrüstung 1908–1914. München 1991

ERDMANN, KARL DIETRICH: Der Erste Weltkrieg (Gebhardt. Hdb. der dt. Geschichte. – Tb.-Ausgabe Bd 18). München 1980

FALKENHAYN, ERICH v. : Die oberste Heeresleitung 1914–1916. Berlin 1920

FELBER, ROLAND, HORST ROSTEK: Der «Hunnenkrieg» W.s II. Berlin 1987

FISCHER, FRITZ: Griff nach der Weltmacht. Düsseldorf 1961

–: Krieg der Illusionen. Düsseldorf 1969

GEISS, IMANUEL: Das Dt. Reich und die Vorgeschichte des Ersten Weltkriegs. München, Wien 1978

GUTSCHE, W., F. KLEIN, J. PETZOLD: Der Erste Weltkrieg. Köln 1985

HILLGRUBER, ANDREAS: Deutschlands Rolle in der Vorgeschichte der beiden Weltkriege. Göttingen 1979

Innenansicht eines Krieges. Hg. von ERNST JOHANN. Frankfurt a. M. 1968

LUDWIG, EMIL: Juli 14. Berlin 1929 – Neuausg. Hamburg 1961

Messerschmidt, M.: Militär und Politik in der Bismarckzeit und im Wilhelmi-
nischen Deutschland. Darmstadt 1975
Ostwald, Paul: So fing es an. Baden-Baden 1957
Ritter, Gerhard: Der Schlieffenplan. München 1956
Schulte, Bernd F.: Vor dem Kriegsausbruch 1914. Deutschland, die Türkei
und der Balkan. Düsseldorf 1980
–: Europäische Krise und Erster Weltkrieg. Frankfurt a. M., Bern 1983
Tuchmann, Barbara W.: August 1914. Bern u. a. [o. J.]
Weltmachtstreben und Flottenbau. Hg. von Wilhelm Schussler. Witten 1956
Wolff, Theodor: Der Krieg des Pontius Pilatus. Zürich 1934
Zechlin, Egmont: Krieg und Kriegsrisiko. Düsseldorf 1979

d) Innenpolitik, Parlamentarismus

Altrichter, Helmut: Konstitutionalismus und Imperialismus. Der Reichstag
und die dt.-russischen Beziehungen 1890–1914. Frankfurt a. M. u. a. 1977
Burmeister, Hans Wilhelm: Prince Philipp Eulenburg-Hertefeld
(1847–1921). Wiesbaden 1981
«Dass unsre Greise nicht mehr betteln gehn!» Sozialdemokratie und Sozialpolitik
im Dt. Reich und in Österreich-Ungarn 1880 bis 1914. Hg. von Helmut Kon-
rad. Wien, Zürich 1991
Deist, Wilhelm: Flottenpolitik und Propaganda. Das Nachrichtenbureau des
Reichsmarineamtes 1897–1914. Stuttgart 1976
– (Bearb.): Militär und Innenpolitik im Weltkrieg. 2 Bde. Düsseldorf 1970
Deutsche Sozialgeschichte. 2. Bd. Hg. von Gerhard A. Ritter und Jürgen
Kocka. München 1974
Gesellschaft, Parlament und Regierung. Hg. von Gerhard A. Ritter. Düssel-
dorf 1974
Gladen, A.: Geschichte der Sozialpolitik in Deutschland. Wiesbaden 1974
Grosser, Dieter: Vom monarchischen Konstitutionalismus zur parlamentari-
schen Demokratie. Den Haag 1970
Hentschel, Volker: Geschichte der dt. Sozialpolitik. Frankfurt a. M. [4]1991
Kehr, Eckart: Der Primat der Innenpolitik. Hg. von Hans-Ulrich Wehler.
Frankfurt a. M., Berlin 1976 u.ö.
Mommsen, Wolfgang J.: Der autoritäre Nationalstaat. Frankfurt a. M. 1990
Quidde, Ludwig: Caligula. Schriften über Militarismus und Pazifismus. Frank-
furt a. M. 1977
Rauh, M.: Die Parlamentarisierung des Dt. Reiches. Düsseldorf 1977
Ritter, Gerhard A.: Staat, Arbeiterschaft und Arbeiterbewegung in Deutsch-
land. Berlin, Bonn 1980
Staat und Kirche von der Beilegung des Kulturkampfs bis zum Ende des Ersten
Weltkriegs. Hg. von Ernst R. Huber und Wolfgang Huber. Berlin
1983
Tennstedt, Florian: Sozialgeschichte der Sozialpolitik in Deutschland. Göt-
tingen 1981
Wehler, Hans-Ulrich: Krisenherde des Kaiserreichs von 1871–1918. Göttin-
gen 1970

WESTARP, KUNO GRAF VON: Das Ende der Monarchie am 9. November 1918. Berlin 1952
WITTWER, WALTER: Vom Sozialistengesetz zur Umsturzvorlage. Berlin 1983

e) Parteien und Interessenverbände

Die bürgerlichen Parteien in Deutschland. 2 Bde. Hg. von D. FRICKE u. a. Berlin 1968
Deutsche Parteien vor 1918. Hg. von GERHARD A. RITTER. Köln 1973
Deutsche Parteiprogramme von 1861 bis zur Gegenwart. Hg. von WILHELM TREUE. Göttingen u. a. ⁴1968
DOMANN, P.: Sozialdemokratie und Kaisertum unter W II. Wiesbaden 1974
EISENBEISS, WILFRIED: Die bürgerliche Friedensbewegung in Deutschland während des Ersten Weltkrieges. Frankfurt a. M. 1980
ERDMANN, G.: Die dt. Arbeitgeberverbände im sozialgeschichtlichen Wandel der Zeit. Neuwied, Berlin 1966
EVANS, A. L.: The German Center Party 1870–1933. A Study in Political Catholicism. Carbondale, Edwardsville 1981
EVANS, R. J.: The Feminist Movement in Germany 1894–1944. London u. a. 1976
GREBING, HELGA: Geschichte der dt. Parteien. Wiesbaden 1962
Interessenverbände in Deutschland. Hg. von H. J. VARAIN. Köln 1973
KAELBLE, H.: Industrielle Interessenpolitik in der Wilhelminischen Gesellschaft. Centralverband Dt. Industrieller 1895–1914. Berlin 1967
KRUCK, ADOLF: Die Geschichte des Alldeutschen Verbandes. Wiesbaden 1954
Materialien zum politischen Richtungsstreit in der dt. Sozialdemokratie. 1890-1917. 2 Bde. Frankfurt a. M. u. a. 1978
MIELKE, S.: Der Hansa-Bund für Gewerbe, Handel und Industrie 1909–1914. Göttingen 1976
PRAGER, EUGEN: Geschichte der USPD. Berlin 1921 – Repr. u. d. T.: Das Gebot der Stunde. Berlin, Bonn 1978
RICHEBÄCHER, SABINE: Uns fehlt nur eine Kleinigkeit. Dt. proletarische Frauenbewegung 1890–1914. Frankfurt a. M. 1982
RITTER, GERHARD A.: Die dt. Parteien 1830–1914. Göttingen 1985
ROHKRÄMER, THOMAS: Der Militarismus der «kleinen Leute». Die Kriegervereine im Dt. Kaiserreich 1871–1914. München 1990
SCHEER, FRIEDRICH-KARL: Die Dt. Friedensgesellschaft (1892–1933). Frankfurt a. M. ²1983
SCHORSKE, CARL E.: Die große Spaltung. Die dt. Sozialdemokratie 1905–1917. Berlin 1981
STEGMANN, DIRK: Die Erben Bismarcks. Parteien und Verbände in der Spätphase des Wilhelminischen Deutschland. Köln, Bonn 1970
STEINBERG, HANS-JOSEF: Sozialismus und dt. Sozialdemokratie. Berlin, Bonn ⁵1979
ULLMANN, HANS-PETER: Der Bund der Industriellen. Göttingen 1976
WERNER, LOTHAR: Der Alldeutsche Verband 1890–1918. Berlin 1935 – Repr. Vaduz 1965
WOHLGEMUTH, HEINZ: Die Entstehung der Kommunistischen Partei Deutschlands. Frankfurt a. M. 1978

f) Wirtschaft

Deutsch-russische Wirtschaftsbeziehungen 1906–1914. Hg. von HEINZ LEMKE. Berlin 1991

DEUTSCHMANN, CHRISTOPH: Der Weg zum Normalarbeitstag. Die Entwicklung der Arbeitszeiten in der dt. Industrie bis 1918. Frankfurt a. M. u. a. 1985

Handbuch der dt. Wirtschafts- und Sozialgeschichte. Hg. von HERMANN AUBIN und WOLFGANG ZORN. 2. Bd. Stuttgart 1976

HELFFERICH, KARL: Deutschlands Volkswohlstand 1888–1913. Berlin 1914

HENNING, F.-W.: Die Industrialisierung in Deutschland 1800–1914. Paderborn 1973

HOFFMANN, W. G. u. a.: Das Wachstum der dt. Wirtschaft seit der Mitte des 19. Jahrhunderts. Berlin u. a. 1965

KIESEWETTER, HUBERT: Industrielle Revolution in Deutschland. 1815–1914. Frankfurt a. M. ²1991

KITCHEN, M.: The Political Economy of Germany 1815–1914. London 1978

KLEIN, E.: Geschichte der dt. Landwirtschaft im Industriezeitalter. Wiesbaden 1973

MOTTEK, HANS: Wirtschaftsgeschichte Deutschlands. Bd 3. Berlin ²1975

STUCKEN, RUDOLF: Dt. Geld- und Kreditpolitik. Hamburg 1937

g) Arbeiterbewegung, Gewerkschaften

Arbeiter im Industrialisierungsprozeß. Herkunft, Lage, Verhalten. Hg. von WERNER CONZE, und U. ENGELHARDT. Stuttgart 1979

Arbeiterbewegung und industrieller Wandel. Hg. von H. MOMMSEN. Wuppertal 1980

Arbeiterexistenz im 19. Jahrhundert. Hg. von WERNER CONZE, und U. ENGELHARDT. Stuttgart 1981

Arbeiterfamilien im Kaiserreich. Hg. von KLAUS SAUL u. a. Königstein u. a. 1982

Der Aufstieg der dt. Arbeiterbewegung. Hg. von GERHARD A. RITTER. München 1990

BROCK, DITMAR: Der schwierige Weg in die Moderne. Umwälzungen in der Lebensführung der dt. Arbeiter zwischen 1850 und 1980. Frankfurt a. M. u. a. 1991

BROCKHAUS, ECKHARD: Zusammensetzung und Neustrukturierung der Arbeiterklasse vor dem ersten Weltkrieg. München 1975

DITTRICH, E.: Arbeiterbewegung und Arbeiterbildung im 19. Jahrhundert. Bensheim 1980

«... ein bisschen Radau...». Arbeitslose machen Geschichte. Hg. von GUDRUN FRÖBA und RAINER NITSCHE. Berlin 1983

Geschichte der Arbeiter und der Arbeiterbewegung in Deutschland seit dem Ende des 18. Jahrhunderts. 5. Bd. Hg. von GERHARD A. RITTER und KLAUS TENFELDE. Bonn 1992

Geschichte der dt. Arbeiterbewegung. 8 Bde. Berlin 1966

Geschichte der dt. Arbeiterbewegung. 3 Bde. Hg. von T. MEYER, S. MÜLLER und J. ROHLFES. Bonn 1984

LANGEWIESCHE, DIETER, K. SCHÖNHOVEN: Arbeiter in Deutschland. Paderborn 1981

REICHARD, RICHARD W.: From the petition to the strike. A history of strikes in Germany, 1869–1914. New York u. a. 1991

SCHÖNHOVEN, KLAUS: Expansion und Konzentration. Studien zur Entwicklung der Freien Gewerkschaften im Wilhelminischen Deutschland. Stuttgart 1980

Solidarität und Menschenwürde. Etappen der dt. Gewerkschaftsgeschichte von den Anfängen bis zur Gegenwart. Hg. von E. MATTHIAS und K. SCHÖNHOVEN. Bonn 1984

Streik. Zur Geschichte des Arbeitskampfes in Deutschland während der Industrialisierung. Hg. von KLAUS TENFELDE und HEINRICH VOLKMANN. München 1981

TENNSTEDT, FLORIAN: Vom Proleten zum Industriearbeiter. Köln 1983

WUNDERER, HARTMANN: Arbeitervereine und Arbeiterparteien. Kultur- und Massenorganisationen in der Arbeiterbewegung. Frankfurt a. M. u. a. 1980

h) Kultur, Bildung, Wissenschaft

Bildungsbürgertum im 19. Jahrhundert. 2. Teil. Hg. von REINHART KOSELLECK. Stuttgart 1990

BLANKERTZ, H.: Bildung im Zeitalter der großen Industrie. Hannover 1969

BOGERTS, HILDEGARD: Bildung und berufliches Selbstverständnis lehrender Frauen in der Zeit von 1885 bis 1920. Frankfurt a. M. u. a. 1977

Deutsche Literatur. Hg. von H. A. GLASER. Bd 8. Reinbek 1982

Exerzierfeld der Moderne. Industriekultur in Berlin im 19. Jahrhundert. Hg. von JOCHEN BOBERG. München 1984

Fin de siècle. Hg. von R. BAUER u. a. Frankfurt a. M. 1977

Geschichte der dt. Literatur. Bd 9. Hg. von HANS KAUFMANN. Berlin 1985

GLASER, HERMANN: Die Kultur der Wilhelminischen Zeit. Frankfurt a. M. 1984

JOERISSEN, PETER: Kunsterziehung und Kunstwissenschaft im wilhelminischen Deutschland. 1871–1918. Köln, Wien 1979

KERN, JOSEF: Impressionismus im wilhelminischen Deutschland. Würzburg 1989

LEMMERMANN, HEINZ: Kriegserziehung im Kaiserreich. 2 Bde. Lilienthal/Bremen 1984

Literatur und Theater im Wilhelminischen Zeitalter. Hg. von H.-P. BAYERDÖRFER u. a. Tübingen 1978

MAST, PETER: Künstler und wissenschaftliche Freiheit im Dt. Reich 1890–1901. [Rheinfelden] 1980

Neues Handbuch der Literaturwissenschaft. Hg. von K. v. SEE. Bd 18–19. Frankfurt a. M. 1976

PARET, PETER: Die Berliner Secession. Moderne Kunst und ihre Feinde im kaiserlichen Deutschland. Berlin ²1982

POSENER, JULIUS: Berlin auf dem Wege zu einer neuen Architektur. Das Zeitalter W.s II. München 1979

RIEGER, ISOLDE: Die Wilhelminische Presse. München 1957

SCHWEDE, REINHILD: Wilhelminische Neuromantik – Flucht oder Zuflucht? Frankfurt a. M. 1987

Sollmann, Kurt: Literarische Intelligenz vor 1900. Studien zu ihrer Ideologie und Geschichte. Köln 1982

Vombruch, Rüdiger: Weltpolitik als Kulturmission. Auswärtige Kulturpolitik und Bildungsbürgertum in Deutschland am Vorabend des Ersten Weltkrieges. Paderborn u. a. 1982

–: Wissenschaft, Politik und öffentliche Meinung. Gelehrtenpolitik im Wilhelminischen Deutschland (1890–1914). Husum 1980

i) Gesellschaft, Sozialstruktur, öffentliches Leben, Alltag

Bilder der Kaiserzeit. Göttingen, Hannover 1970

Elsner, Tobias von: Kaisertage. Die Hamburger und das Wilhelminische Deutschland im Spiegel öffentlicher Festkultur. Frankfurt a. M. u. a. 1991

Engelmann, Bernt: Die goldenen Jahre. Die Sage von Deutschlands glücklicher Kaiserzeit. München 1984 [unveränd. Nachdruck der EA 1968]

Fabrik, Familie, Feierabend. Beitrag zur Sozialgeschichte des Alltags im Industriezeitalter. Wuppertal 1978

Harden, Maximilian: Kaiserpanorama. Literarische und politische Publizistik. Hg. von Ruth Greuner. Berlin 1983

Henning, H.: Die dt. Beamtenschaft im 19. Jahrhundert. Stuttgart 1984

–: Das westdeutsche Bürgertum in der Epoche der Hochindustrialisierung 1860–1914. Wiesbaden 1971

Hertz, F.: The German Public Mind in the 19th Century. London 1975

Hof und Hofgesellschaft in den dt. Staaten im 19. und beginnenden 20. Jahrhundert. Hg. von Karl Möckl. Boppard 1990

James, Harold: Dt. Identität 1770–1990. Frankfurt a. M., New York 1991

Juden im Wilhelminischen Deutschland. 1890–1914. Tübingen 1976

Jüdisches Leben in Deutschland. Selbstzeugnisse zur Sozialgeschichte. Bd 2. Hg. von Monika Richarz. Stuttgart 1979

Kindheit im Kaiserreich. Hg. von Rudolf Pörtner. München ²1990

Kitchen, M.: The German Officer Corps 1890–1914. Oxford 1968

Kocka, Jürgen: Die Angestellten in der dt. Geschichte. Göttingen 1981

–: Klassengesellschaft im Krieg. Göttingen 1973

Kuczynski, Jürgen: Geschichte des Alltags des dt. Volkes. 1600–1945. Bd 4. Berlin ²1983

Lange, Annemarie: Das wilhelminische Berlin. Berlin ⁵1988

Loth, Wilfried: Katholiken im Kaiserreich. Düsseldorf 1984

Meyer, Sibylle: Das Theater mit der Hausarbeit. Bürgerliche Repräsentation in der Familie der Wilhelminischen Zeit. Frankfurt a. M., New York 1982

Pankau, Joachim G.: Wege zurück. Zur Entwicklungsgeschichte restaurativen Denkens im Kaiserreich. Frankfurt a. M. u. a. 1983

Pulzer, Peter G. J.: Die Entstehung des politischen Antisemitismus in Deutschland und Österreich 1867–1914. Gütersloh 1966

Society and Politics in Wilhelmine Germany. Hg. von R. J. Evans. London, New York 1978

Tal, U.: Christians and Jews in Germany. Religion, Politics and Ideology in the Second Reich, 1870–1914. Ithaca, London 1975

Das wilhelminische Bildungsbürgertum. Zur Sozialgeschichte seiner Ideen. Göttingen 1976

Das Wilhelminische Deutschland. Hg. von G. Kotowski u. a. Frankfurt a. M. 1965

Zentner, Kurt: Kaiserliche Zeiten. W II. und seine Ära. München 1964

Zobeltitz, Fedor v.: Chronik der Gesellschaft unter dem letzten Kaiserreich. 2 Bde. Hamburg 1922

NAMENREGISTER

ÜBER DEN AUTOR

Friedrich Hartau, Jahrgang 1911. Gymnasium Augustum in Görlitz. Buchhändler, Schauspieler, Dramaturg. Ab 1937 Staatstheater Kassel. Ab 1941 Soldat. Vier Jahre Rußland. Nach dem Krieg Chefdramaturg und Regisseur am Staatstheater Kassel. Bühnenstücke «Die letzte Nacht» (Rowohlt Verlag), «Der Lord von Barmbeck». Filmdramaturg, Drehbuchautor, Theaterkritiker. Ab 1950 historische Studien, Vortragsreisen, Fernsehspiele. Herausgeber von Anthologien. Autor der Monographien «Molière» und «Metternich». Friedrich Hartau starb 1981.

QUELLENNACHWEIS DER ABBILDUNGEN

C 2053 /10

C 2058/8

bildmono rororo graphien

C 2058/8 b

C 2058 /8 e

Deutsches Museum

Kultur-
geschichte
der Natur-
wissenschaften
und der Technik

C 2061/6

Kultur-
geschichte
der Natur-
wissenschaften
und der Technik

SACHBUCH

ro
ro
ro

C 2061/8 a

Kultur-
geschichte
der Natur-
wissenschaften
und der Technik

C 2061/9 b